꿈이있는자유 한웅재의 위로 에세이

일상, 위로

꿈이있는자유 한웅재의 위로 에세이

일상, 위로

한웅재 지음

"가을이 빛나는 것은 여름을 봤기 때문이고
봄이 아름다운 것은 겨울을 알기 때문이듯
모두다 그렇게, 그렇게 긴 시간을 지난다."

우리에게 필요한 위로는 이미 일상에 충분하다
이것을 볼 수 있는 눈만 있다면…

 TERITOS

CONTENTS

YESTERDAY

"제아무리 추운 겨울이라도, 결국 추억으로 남게 되겠지"

거리마다

거리마다 있던 공중전화.
달가닥하고 동전 떨어지는 소리가 나면
저 너머의 누군가와 대화가 시작되던 그 시절만 해도
'수화기가 과연 위생적일까?' 와 같은 걱정은 없었습니다.
거의 예외 없이 묘한 냄새가 나던 그 작은 박스 안에서
사람들은 울고 웃고 상심하고
그리워하며 또 즐거워했지요.

그래서 그 공간은 때로는 달콤하고
때로는 한겨울 바람 부는 바깥보다 더 추운가 하면
때로는 조바심에 발을 구르게도 하고
또 많은 그리움들을 달래 주기도 했어요.

공중전화만이 낼 수 있는 소리가 있었습니다.
'부웅…'
그리고 남은 돈이 줄어들 때면
나누고 있는 이야기가 더 소중하고 간절했던 것 같아요.
최소한 지금보다는 말이지요.

어디서나 누구와도 통화할 수 있는 세상이 되었지만
사람들 속에 있는 외로움은 더 커진 것 같아 보이니
세상은 정말 알다가도 모를 곳입니다.

동전으로 할 수 있는 일이 훨씬 적어진 요즘
간혹 낡은 동전을 보면
거리마다 세워져 있던 공중전화가 생각나곤 합니다.

모두들 잘 계시지요?

낡아진다는 것은

낡아진다는 것은
그만큼 많이 닿았다는 이야기지.
색이 벗겨지고 번들거릴 만큼 그렇게 많이 만나고
또 서로 스쳤다는 거야.

낡아진다는 것은
그만큼 많이 추억한다는 이야기지.
지워 버리고 싶은 기억까지도
모두 저만치 추억 속에서 빛나는 거야.

낡아진다는 것은
그만큼 여유로워진다는 거다.
그래서 웬만한 얼룩 같은 거는 그냥 받아줄 수 있는
그런 여유가 생기는 거야.

낡아진다는 것은
그만큼 많이 주었다는 거지.
모두들 마냥 제 욕심으로만 사는 것 같아도
무언가 내어 주었기 때문에
그랬기 때문에 낡아진 거야.

시간이 저 알 수 없는 방향으로
수없이 날아 흐르는 동안
그렇게 닿고 기억하고
또 그렇게 넓어져 가고
그렇게 내어 주었기 때문에
낡아져 가는 거야.

춤을 추다

이 친구를 보면서 그런 생각을 했었습니다.

춤을 추면서 산다는 것은 어떤 느낌일까.

겨울이면 차갑고 여름이면 뜨거울 저 콘크리트 바닥에
연신 손을 짚어가며 돌고 또 도는 일
예상이나 장담 같은 것은 애초에 불가능한
무작위의 청중들 앞에서 온몸을 던지는 일
근력의 한계점 어딘가와 늘 마주 서는 일
그런 삶은 어떤 느낌일까 궁금했습니다.

하긴 나를 포함하여 그의 춤을 구경하던
사람들의 삶도 크게 다르지는 않겠더군요.
계절을 따라 차갑고 또 뜨거운 생을 맨손으로 짚은 채
예상이나 장담이란 할 수 없는 시간들을 살아가며
또 그 속에 자신을 던져야만 하니까요.
늘 자신의 한계를 만나야 하는 점도 비슷하고 말이지요.

그렇게 저마다 자신의 춤을 추며 살아가나 봅니다.

그를 찍으려고 나도 몸을 낮춰 봤습니다.
그랬더니 그의 춤만 보이는 게 아니라
아주 잠시였지만…
그의 모습이 보이더군요.

그날 뉴욕의 마른 길바닥에 땀방울을 뚝뚝 떨구며
최선을 다해 춤을 추던 그 친구가
부디 외롭지 않기를 바라봅니다.

함부로

설산(雪山)의 능선 하나를 넘어서는 굽은 도로 위.

녀석이 함부로 길가에 나와 있었습니다.

그런데 한편 생각해보니,
하늘 향해 높이 솟은 그네들의 땅에
사람들이 함부로 길을 놓은 것일 수 있겠더군요.

자기중심의 시선이라는
이 묵은 울타리를 잠시만 넘어서도
이해
지혜
감사
공감
이런 것들이 수두룩합니다.

사진의 유익

여행을 가도 기념사진 찍기를 싫어하고
일부러 자세 잡아가며 사진 찍는 일을
세련되지 못한 일이라 여겼던 내가
사진 찍기라는 취미를 갖게 된 결정적인 이유는
내가 만드는 음반의 재킷 사진은
나 스스로가 찍어봐야겠다는 무식이 주는 용기 때문이었다.

무슨 장비가 어떻고
또 그 장비를 위해 얼마의 돈이 필요한가와 같이
사진에 관심을 가진 사람이라면
한번쯤은 들어서서 길을 잃고 마는
허영의 사막 같은 곳도 몇 번을 들렀었다.
그만큼 희생이 컸었다는 말이다.

그래도 이 사진 찍는 일이라는 것 속에
내 나름의 유익이 있는데
그것은 사진에 담긴 세상이 멈춰선 채
그때 그 모습 그대로 내 앞에 서 있다는 점이다.

하나님이 인간의 손에 이 모든 것들을 건네주실 때
오직 한 가지만 주지 않으셨다 한다.
그것은 바로 시간이다.
그래서 인간의 그 어떤 수고와 노력으로도
시간을 멈추게 한다거나 그 속도를 조절할 수 없는 것이다.
생각해 보니 시간을 주지 않으면
실은 거의 모든 것을 주지 않은 것이나 다름없다.

그런데 사진은, 물론 그것이 사각의 이미지 안에 한정되지만
그때 그 자리에 멈춰 서 있다.
내 아이의 어린 시절, 비록 다시는 그때로 돌아갈 수는 없지만,
그때 사진을 들여다보며 이때는 어땠는데 하면서
추억하고 웃음질 수 있는 것처럼 말이다.
나는 사진 속에서 우리 아버지와 어머니의 결혼 전,
푸르디푸른 모습을 본 적도 있고
어린 시절 속눈썹이 안으로 자라
늘 인상을 찌푸리던 내 어릴 적 모습도 만날 수 있다.
이렇듯 사진 속의 시간은 실제의 시간, 그것의 빛바램보다
훨씬 느린 속도로 바래져 간다.

또 하나 사진의 유익!
이점이 내가 특히 사진을 좋아하게 만드는 점인데
그것이 그 자리에 그냥 멈춰서 있기에
당시에는 볼 수 없던 그림들을
나로 다시 볼 수 있게 해준다는 점이다.

늘 사는 속도는 영문 없이 빠르기 마련이고
거기에 무딘 눈썰미와 더딘 감각까지 갖추었으니
미처 보지 못하고 지나쳤던 일들이 하나 둘이 아닌데
사진은 그때 그 공간 속에 내가 다시 설 수 있는 기회를 준다.

그날 하늘 색은 어떤 느낌이었는지
길은 내게 무슨 의미였는지
꽃들은 뭐라 말을 하고 있었는지 등.
사진은 그때 내 앞에 있던 세상.
그 모든 것들이 가진 좀 더 세세하지만 실은 깊은 의미를
다시 한 번 살필 수 있는 기회를 제공하는 것이다.

그렇게 사진은 다시 한 번 내게 기회를 준다

바라볼 수 있는 기회
닿을 수 있는 기회
느낄 수 있는 기회
감동할 수 있는 기회
감사 할 수 있는 기회
노래 할 수 있는 기회

사진은 이렇듯 내게 유익하다.

길 그리고 언덕

지인 중 한 분이 그런 말씀을 하시더군요.
"한 목사님 노래에는 길과 언덕이라는 단어가 많이 나와요.
혹시 무슨 이유가 있나요?"
듣고 보니 그도 그랬습니다.

무슨 단어를 자주 넣어야겠다는 생각으로
노래를 만든 적은 없었지만 아무래도 곡을 쓰는 일에도
저마다의 길이 있어서 손이 자주 가게 되는
낱말들이 있기 마련이겠지요.
마치 내가 의자 사진을 자주 찍는 것처럼 말입니다.

길 그리고 언덕.
생각해 봄 직한 질문이었습니다.
사는 일이 길이고 길이 사는 일이니 그랬을 것이고
오름과 조망 그리고 내림이 노상 함께 있으니
언덕이 아니었을까 하는 생각도 드네요.

노래 속에는 그것을 만든 사람이 흐릿하게라도 비칠 텐데
아마 내 속에 길과 언덕에 대한
고민이 많이 있나 봅니다.

하여튼 생각해 볼 만한 일입니다.
역시 좋은 질문에는
사람을 생각의 길로 이끄는 힘이 있네요.

닳다

오늘 아침 아내가 준비해준 셔츠는 조금 엉뚱했습니다.
이 셔츠로 말하자면 내가 제일 좋아했던 것으로써
나와 함께한 세월이 벌써 10년을 넘긴 옷입니다.

감촉이나 색깔이 마음에 들어
늘 같은 셔츠들과의 경합에서
주인에게 우선순위로 선택되고는 했지요.
그야말로 에이스였습니다.

그러다 보니
깃이며 소매며 결국엔 닳고 닳아서
한 일 년 전부터는 거의 입지 않았습니다.

"어…이 셔츠, 좀 그런데…."
"아 그러네! 정말."
아내가 살짝 미안해합니다

순간 입에서 그런 말이 나왔습니다.
"그래도, 나 때문에 닳은 거잖아?
나를 위해 낡아진 거고, 그렇게 생각하니 고맙네. 그렇지?"
"그러게요."

오늘 오래간만에 종일
이 하늘색 셔츠를 입고 다녔습니다.

격식을 따지거나 다른 사람을 의식하면
분명히 아쉬운 부분들이 있지만
결국 내게 닿아서 닳았고
나와 함께 해서 낡은 거라 생각하니
셔츠를 보는 마음이 사뭇 달라졌습니다.

누군가는 누군가를 위해
이렇게 닳아주고는 하지요.
그가 몰라줘도 말입니다.

환대(歡待)

차를 담은 다기(茶器)가 기울 때
그 속에 농밀한 차가 흘러 잔에 담기는 것처럼
누군가를 향해 마음을 기울일 때
환대는 시작된다.

뜨끈한 물을 가득 담아 우려내면
다기를 쥔 손이나 또 잔을 든 손이
거의 같은 온기를 느끼는 것처럼
환대는 그를 위해 내 마음을 데우는
그런 것이겠지.

초대받고 초대하며 사는 것이
또한 삶일 텐데
그 일들이 번거롭고 구태의연하게 느껴질 때쯤에는,
그렇게 '환대'라는 말의 윤기가 잊혀갈 때쯤에는
내 안 어딘가를 열어
차근히 살펴봐야 한다.

마음은 차를 닮아
데우고 기울이고 해야
우러나는 거니까.

*환대(歡待): 반갑게 맞아 정성껏 후하게 대접함

함께 있으면 편안해서
딱히 서로 할 말이 없어도 어색하지 않으니
친구라 하지요.

별 우습지도 않은 말에
내가 '까르르' 하면 저도 함께 '까르르' 웃어주니
친구라 할 수밖에요.

내가 그려 놓은 그림 위에
고운 머리카락도 덧그려주고
또 예쁜 신도 신겨 넣어주는
친구가 있어 좋지요.

'미안했어' 한마디면
충분하고 충분해서
서로에게 있던 벽 같은 것은 없었던 듯이 사라지니
친구인 거고요.

가족들도 잘 모르는
나의 작은 일상들도 알고 있고
나 또한 그러하니
친구라 할 수밖에요.

보고프고
궁금하고
그립고
신 나는
친구가 있어 좋아요.

이와 같이 나와 그분도
친구라 했는데요.

"그는 곧 너로다 나의 동료,
나의 친구요 나의 가까운 친우로다"

(시 55:13)

그의 겨울

빼곡한 빌딩들과
잘 다려 입은 셔츠,
그리고 소위 유명하다는 브랜드의 찻집들과
색색으로 빛나는 광고들,
하루 근무를 막 마친 사람들의 활기찬 대화와
봄으로 피어난 화사한 꽃들 사이에
마치 그는 나의 겨울은 아직 한창이라는 듯
두꺼운 외투 속 깊이 자신을 파묻고 있었어.

어디서 왔고
무슨 사연이 있으며
어느 대목에서 무너졌는지 알 수 없고
누구를 사랑했으며
어떤 사람이 그립고
또 자랑스러웠던 일은 무엇이며
생각할수록 후회되는 일이 뭔지 알 수 없었지만

가끔 지난 사진을 뒤적여 보다
그의 사진이 나오면
자꾸 잠시 머물게 돼.
그리고 이런 생각이 절로 들어.
'포기하지 않았으면…'

그냥 뭐랄까…
내 안에도 그와 닮은 무거움이
여기 어딘가 있어서일 거야.

'포기하지 않았으면…'

(뉴욕에서)

'하연이에게'는 내 인생에 1호 곡입니다.
첫 번째 노래라는 말입니다.
지금은 미국에서 고등학생으로 성장한
정종원 목사님의 딸아이 이름이
'너는 하나님과 연애하며 살아라'는 의미에서 정하연입니다.

하연이는 갓난아이일 때
유난히 내 품에 안겨 있는 것을 좋아했습니다.
여기에 관한 여러 가지 설이 있습니다만
아마 푹신해서일 거라는 설이 가장 설득력이 있었던 것 같네요.
그렇게 하연이를 품에 안고 있다가
이 노래를 만들게 되었습니다.

하지만 노래를 만들고 나서의 느낌은
그렇게 좋지만은 않았습니다.
지난밤에 내가 써 놓은 시를 읽으면서 그 다음 날 아침에 느껴지는
수치심이라고나 할까요?
그냥 좋은 말만 가득 담아놓은 동요 같은 느낌이었어요.
'그래, 나 같은 사람이 무슨 노래를 만들겠어….'

세월이 많이 흘렀고
그렇게 작고 가볍던 하연이는 이미 말씀드린 것처럼
착하고 예쁜 고등학생이 되었습니다.
그사이 이 노래는 소리 없이 한국 교회로 흘러들어 가
많은 사람들의 마음을 만지고 격려한 것 같습니다.
내 노래를 이렇게 이야기해도 되는 건지 모르겠지만 말입니다.

이 노래는 나 같은 사람도 노래를 만들 수 있다는,
전에는 생각지 못했던 일종의 새로운 문을
내 앞에 열어준 고마운 노래입니다.

그리고 '어느 노래가 정말 귀한 노래인지
그것을 정하는 것이 내가 아니구나' 하는 것을 알게 해 준 노래기도 하고요.
물론 당연한 말이지만 쉽고 당연한 문장 하나도 깨닫는데
수많은 세월이 걸리는 경우는 허다하니까요.

그 사이 아홉 장의 음반을 만들었습니다.
(프로젝트 음반 〈페인터〉를 포함해서)
이제 열 번째 음반 〈한웅재 솔로 2집〉의 노래를 준비하는 요즘
나의 첫 노래인 '하연이에게'를 가끔 흥얼거리고는 합니다.
가사에서 아직도 풋냄새가 나네요.

하
연
이
에
게

─꿈
이
있
는
자
유

1
집
수
록
─

우리가 간직해야 할 소중한 것 있다면
내 삶을 누군가에게 나눠 줄 수 있는 것

약하고 어리석은 나 자신을 본다 해도
그 모습 그대로를 사랑할 수 있으며

비교하기보다는 나 자신을 가꿔가고
우리를 사랑하신 그분을 믿으며
외로운 사람들 품에 안아 줄 수 있도록
우리 마음속에 소중한 것을 간직하며 살아요

내 안에 숨겨진 큰 비밀을 발견하고
그 소중한 꿈 안에 내 삶을 이루며
삶에 지친 사람들 찾아와 쉬어 가도록
우리 마음속에 누군가의 자리
남겨두며 살아요
사랑하며 살아요

제아무리 추운 겨울이라도

"제아무리 추운 겨울이라도, 결국 추억으로 남게 되겠지."

지인으로부터 편지 두 통을 받았다.
가족들과 관련된 힘들고 버거운 일들이
그렇지 않아도 쉽지 않을 그이의 가정 사방에
가득하다는 이야기였다.

읽는 내내
절망과 희망
이 두 단어만 떠올랐다.

그래도 편지는 맹렬했고
절망적인 상황 속에서
희망을 찾아내려 몸부림치는
그의 마음이 미안하고 고마운 동시에
또한 다행스러웠다.

"그래 맞아, 제아무리 추운 겨울이라도
결국은 추억으로 남게 되겠지…"

기도해야겠다.

하얗게

새하얗던 너희들도 우리를 겪으니
이렇게 검게 되었구나.
여기가 아닌 다른 곳에 내렸다면
말갛게 녹을 수 있었을 텐데.

이해 바란다.
우리들 이렇게 바투 살다 보니
부서지고 넘어지고
서로 흘기고 아파하다 그런 거니까.

저기 어딘가로부터
잠시 여기로 내려와서
또다시 떠나온 곳으로 돌아가는 거야
너희나 우리나 다를 것이 없을 테지.

그런데 우리는 그렇게 말갛게 녹는 게 쉽지가 않아.
세월이 쌓이면 알게 될 거라 기대했는데
점점 더 잘 모르겠으니
이게 무슨 일인가 싶기도 하다.

하여튼, 너희들이 녹아 내리는 모습을 보며
늘 푸념했던 것을 반성한다.
다 우리를 겪어서 그런 것을.

가끔 우리가 사는 이 어둑한 세상에
하얗게 내려주어서 감사하다.

YESTERDAY 13

겹쳐 닫은 창으로도 기어이 찬기가 새어들 때
후회 같은 뭉클한 것이 삐죽할 때
낮을 모두 지운 밤이 사면으로 겹쳐 설 때

책을 펴도 읽어지지 않을 때
시간이 마냥 낙서 같을 때
여기가 어디고 나는 무엇을 하는 건지 모르겠어
덜컥 무서운 생각들이 밀려올 때

'결국…' 이라는 말이 입가에 맴돌 때
도무지 너절하기 이를 데가 없을 때
마음이 자꾸 멈춰 서지를 않을 때

내 방안이 어둑하니 텅 비어 보일 때
그 텅 빈 곳에 주저앉아 있는
나 자신이 싫어질 때

그때

아주 잠시 작은 틈이 열린다.
다시 시작할 수 있는,
예수를 가슴 가득 담을 수 있는 틈이.

야밤 산책

"아파트단지 한 바퀴 돌고 올게."
"세 바퀴 돌고 와요."

아내의 생각과 내 생각은 조금 달랐다.
내가 한 말이 한 바퀴 돌며 생각 좀 하다 온다는 뜻이었다면
아내의 말은 세 바퀴 돌며 운동 좀 하고 오라는 뜻이었을 것이다.
하기야 생각이나 운동 모두 유익한 것일 테니 아무렴 어떻겠는가?
그렇게 거의 11시가 다 된 야밤에 운동 겸 생각 겸
홀로 산책을 나섰다.

네모난 상자들을 조각조각 쌓아 놓은 것 같은 아파트.
그래도 한 가지 위로는 있어서 그 주변을 따라
인위적이긴 하지만 나무와 풀 그리고 꽃들이 제법 많다.
그 사이로 난 산책길을 밤과 함께 천천히 걸었다.
며칠 꾸준히 내리던 봄비는 이제 안개로 남아 흩어져있고,
그 덕에 가로등 불빛이 은근하니 나름의 운치가 있다.

걷는 일과 사유는 본디 같은 일인 것 같다.
걷는 일과 생각하는 일을 담당하는 몸의 기관, 즉 다리와 머리는
극과 극에 위치하지만 극은 원래 한 점에서 만나는 법이니
걷는 일이 생각하는 일이고 생각하는 일이 걷는 일은 아닐는지.

실제로 걷기 시작하면 생각이 시작된다.
물론 가만히 앉아서도 생각은 하겠지만
걸으며 하는 생각은 뭔가 좀 더 진취적인 것 같다.
아니 좀 더 살아 있는 것 같은 느낌이라고 하는 것이 좋겠다.

걸으니 또 생각이 솟았다.
살면서 어찌 보면 사람들의 질문에 답하기 위해 사는 건 아닌지 하는
생각이었다.
우린 거의 예외 없이 성장하면서 주변 사람들로부터 이런 질문을 받는다.

공부는 잘하니?
대학은?
전공은 뭐니?
취직은 했니?
애인은 있니?
결혼은?
지금 어디 있니?
집은?

그 물음표들의 뒷자리를 채우기 위해 사는 것은 아닌지.
그래서 그 질문에 답할 만한 것들을 나름 해내다 보면
인생은 이미 이만치 흘러와 있는 상태.
후회도 되고 돌이키고 싶은 것도 많지만
관성(慣性)은 사는 일에도 존재해서
멈추기 위해서는 반드시 마찰과 저항이 필요한데
이 마찰과 저항이라는 것들은 우리가 그것들을 잡아채기
훨씬 전부터 이미 각양의 걱정과 두려움에 가리워져 있기에
우리는 진작부터 그 걱정과 두려움에 굴복당하고는 한다.

또 이 질문들에 모두 자신 있게 대답하면 행복할 수 있어야 하는데
그런 대답들과 행복은 겹치는 듯 하나 영 거리가 멀기도 하다.

더욱 기막힐 일은

위의 질문들에 옹색하나마 답을 달 수 있을 즈음이 되면
다시 새로운 질문들이 시작된다는 점이다.

"아이는 공부 잘해?"
"아이 대학은…?"
"아내는…?"

이렇게 다시 처음부터 시작이다.

어떤 삶이든 질문 앞에 설 것이다.
그러니 그 질문이 무슨 질문인가가 중요할 테다.
좋은 질문 속에는 이미 좋은 답이 담겨 있다고 믿는다.
다른 사람들이 무심히 던지는 질문에 자칫 끌려 다니다 보면
생각지 못한 낭패를 볼 수 있는 것이 삶일 수도 있지 않을까?

위와 같은 것들이 사는 일에 늘 필요한 것도 사실이지만
먼저 그 나라와 그 의를 구하라는 예수님의 말씀은
이런 삶의 순환이 주는 일방적인 관성, 그 유속(流速)에 빠져버린
인생들을 향해 주어진 일종의 돌파구이자
하늘이 주는 결정적인 팁 같은 것은 아닐까?

그 위에서 보면 빤히 알 수 있는데
여기, 우리 자리에서 보면 잘 안 보이는 그런 팁 말이다.

한 걸음 한 걸음 봄비에 젖은 산책로를 걸었다.
아내 말대로 몇 바퀴 돌고 들어갈 참이다.

이대로 내일은 푸른 하늘을 볼 수 있으면 좋겠다.

하늘에서 하늘을 보다

늘 고개 들어 바라만 보다
하늘에 이르러 하늘을 보면
그 푸르고 아름다움이 더하다.

어울리는 낱말을 찾아보려 해도
도무지 찾아지지 않으니
그저 겸손으로 옷의 깃을 여밀 수밖에.

'맞습니다. 당신이 옳으십니다.
당신이 옳으십니다.'
할 수밖에….

돌아와서

눈 내리는 밤길을
꼬박 네 시간에 걸쳐 돌아왔다.
군산에서 고양까지.

횟가루가 날리는 듯한 도로를
내내 긴장하며 운전해서 그런지
등줄기 어딘가가 쑥쑥 거리기까지 하고
피곤한데 잠은 쉬이 오지 않을 듯하다.

왜 이렇게 기를 쓰고
여기로 돌아오느냐고?
내게 물어보니
바로 답이 나온다.

"여기 내 집이 있으니까."

기를 쓰고 돌아갈
어딘가가 있는 사람은 행복한 사람이다.

이 밤,
돌아갈 곳이 없는 사람들에게
주님의 위로가 함께하시기를.

피곤하겠구나

"피곤하겠구나. 이제 좀 쉬어라."

떠났던 먼 길, 돌아온 아들에게
아버지는 늘 그렇게 말씀하셨습니다.
여행 중 무슨 일이 있었는지
그를 통해 무엇을 얻고 또 잃었는지
궁금도 하셨을 텐데
아버지는 묻지 않으셨어요.

"피곤하겠구나. 이제 좀 쉬어라."

세상 그 어디에서도 들을 수 없는
다정하고 담백한 그 음성을 들으면
'아! 이제 정말 집에 돌아왔구나' 싶었고
내겐 정말 쉴 수 있는 자격이
주어진 듯했었지요.

'이건 이런 것이고, 저건 저런 것이다.'
이렇게 말해 줄 효험 있는 가르침을 찾아서
온통 마음이 이리 뒹굴 저리 뒹굴 하다가
몸살 기운 같은 것이 찾아들 즈음에는
그 말이 그리워집니다.

"피곤하겠구나. 이제 좀 쉬어라."

질문도 가르침도
그 어떤 교훈도
담겨 있지 않던 말.
오직 나, 그 하나만 담겨 있던
그 말이 말입니다.

어머니의 좋은 솜씨는 음식에만 있는 것이 아니어서
꾸려나가야 할 살림, 그 모든 곳곳마다
한 점의 남김도 없이 쓰였다.

그것이 내 어머니의 타고난 재능인지
아니면 가족들을 지켜내기 위한 투쟁과 견딤 속에서
피어난 눈물 꽃 같은 것인지는 모르겠으나
어머니는 무엇이든 잘해낼 수 있는 분처럼 보였었다.

지금은 시골집 한구석에 골동품처럼 자리 잡은 저 재봉틀.
코끝을 살짝 찌르는 재봉 기름 냄새가 나던 저 기계가 드르륵 거리며
몇 번을 돌고 나면 우리 가족을 지켜줄 무언가가 만들어졌다.

이제는 추억이 된 그 촘촘하던 바늘땀들.
낮은 조명 아래에서 어머니는 그렇게 스스로 땀 흘려 빛을 내셨고
그 빛을 받아 우리 세 남매는 밝게 자라날 수 있었다.

형, 누나, 그리고 나.
이제 중년이 되어 아빠, 엄마가 된 그 옛날의 세 아이들.
우리는 모두 알고 있다.
저 재봉틀이 얼마나 고마운 것인지 말이다.

사연을 알 리 없는 손주 녀석들이 까르르 거리며 뛰어 노는 초여름,
나는 재봉틀 앞에 앉아서 한참 이런저런 추억에 잠겼었다.
장맛비 지나고 잠시 푸르러진 주일 오후에.

청종

무슨 일이든 해낼 수 있을 것 같고
심지어는 나를 중심으로 세상이 흘러간다는
착각마저 했던 시간들이 내 곁을 지나는 동안
나와 타인과 그것을 둘러싼 세상 속에서
적잖은 것들을 배워왔습니다.

"말하는 것보다 듣는 것이 중요하다"라는 말처럼
철 지난 격언 같은 이야기들이
사실 얼마나 생생하고 강력한 문장인지 알게 된 것도
그 길에서 배운 배움 중 하나였고요.

나의 힘으로 하는 것이 아니라
오직 그분의 힘으로 하는 것이라는 말을
무슨 근사한 말처럼 사용했던 그때는
이 말이 얼마나 말갛고 선명한 말인지
몰랐던 것 같네요.

이제 아주 조금이라도 그 말의 너비와 깊이를 알게 된 지금,
그래서 그런지 그 음성이 자주 그립습니다.
나의 습성은 소음 속으로 나를 내밀며
그것이 잠시 주는 구원의 단맛을 향해 안달하지만
그래도 감사하게 아직 남은 지혜 있어
듣고 싶고 또 듣고 싶어집니다.

많이 매달리게 되던 어느 날.
마음속에 적혀 흐르던 노랫말이 있었습니다.
그래서 만들게 된 노래는
듣는다 할 때 '청'(聽)자와
따른다 할 때 '종'(從)자를 써서

'청종'이라 이름 붙였습니다.

만든 노래 중 더 아끼는 노래는 없습니다.
모두 삶과 바꾼 소중한 것들이니까요.
다만 만들어 놓고 나서 마음이 참 각별했던
노래들은 있습니다.
그 노래들의 대부분이 다소 무명이라는
공통점이 있기는 하지만 말입니다.

'청종'이라는 노랫말을 만들던 날
마음이 참 좋았습니다.

청
종
—
꿈
이
있
는
자
유
7
집
수
록
—

가만히 귀 기울이면
내 안에 말씀하시네
늘 어설픈 나의 우둔한 마음도
이해할 수 있는 언어로

나의 생애 순간순간
그 자간과 행간 사이
늘 배어 흐르는 수많은 질문과
그 많던 떨림 사이로

고요한 중에 들리는 음성은 나의 주
나의 걸음 비추어 그의 길로 인도하고
돋은 그 길로 순종하며 걸어갈 때면
그 빛이 내 안에 그 꿈이 내 안에
참 삶이 내 안에

가만히 귀 기울이면
내 안에 말씀하시네
늘 어설픈 나의 우둔한 마음도
이해할 수 있는 언어로

"네 하나님 여호와를 사랑하고
그의 말씀을 청종하며 또 그를 의지하라
그는 네 생명이시요 네 장수이시니"

(신 30:20)

가을이 오면

가을이 오면
하늘은 저만치 멀어졌다가
푸른 빛으로 되밀려온다.

지난 무더위에 대한
일종의 사과 같은 흰 구름들이
고향의 낮은 평상 위를 지나고
그 평상 그늘 아래에는
햇고추가 줄지어 매달렸다.

아내와 어머니 사이에서
슬슬 김장날짜 이야기가 오가니
기둥에 매달린 양파와 마늘들이
가을바람에 잘 마를 차례다.

오직 내 고향에서만 부는
고향의 바람 속에
가을 냄새 그윽하니
추억처럼 또 겨울이 오기 전에
단풍 빛일 이 계절을 깊이 들이마셔야겠다.

사랑을 담을 때는

사랑하는 이들을 담을 때는
초점의 정확함이 아무런 문제가 되지 않습니다.

비록 그림은 흐려져 있어도
그 웃음이 얼마나 밝았는지
또 어떤 즐거운 소리가 났었는지
아주 선명하게 기억하기 때문이에요.

사랑하는 이들을 담을 때는
많은 색이 담겨 있지 않아도 괜찮습니다.

그 옷의 빛깔과 찬 바람에 발갛게 물이 오른
예쁜 볼을 아주 또렷하게 기억할 수 있을 테니까요.
많은 시간들이 겨울 입김처럼
저기 어딘가로 사라져 버린다 해도 말이지요.

사랑하는 이들을 담을 때는
그 기억도 함께 담는 것입니다.

그날 저녁에 무엇을 먹었는지
무슨 웃을 일이 그리 있었는지
그곳은 어디이며 우린 어디를 향해 가고 있었는지
그 기억도 함께 총총할 거니까요.

사랑은 희한합니다.

아빠는 잠시

"너는 저렇게 심하게 보채지 않았어.
뭔가를 꼭 가져야 한다고 떼를 쓰지도 않았고 말이야."

동네 소아과에서 딸아이보다
먼저 진료실에 들어가 있는 한 아이의 울음소리가 들릴 때
아빠는 아이의 머리카락을 쓰다듬으면서
다정하게 말했습니다.
아이는 아빠가 좋아하는 눈웃음으로 답해주었고요.

아빠는 속으로 잠시 생각합니다.
정말 기억이 나지 않아….
이 아이가 막무가내로 떼를 썼던 기억,
당황 될 정도로 울었던 기억,
들어 줄 수 없던 부모의 마음과
심하게 대치하며 보채던 기억 말이야.

정말 그런 일이 한 번도 없었던 걸까?
아니면 모두 잊어버린 걸까.
그래, 잊어버린 것 같아.
잊으려고 애를 쓴 적도 없고
잊어야 한다는 마음을 먹었던 적도 없었지만
다 지워져 버린 것 같아.

예쁜 기억만 남아 있네.
오늘처럼 찡그리듯 지어 보이던 눈웃음도.
'커서도 꼭 이렇게 웃어야 해.
그럼 사람들이 좋아할 거야'라고
아빠가 말해줬던 함박웃음도.

놀이공원에 가서
맛난 거 안 사 먹고
적은 용돈 털어서
엄마에게 선물해 주었던
미키마우스 냄비 장갑도.
"그래? 그럼 다음에 사지 뭐….'
하며 쉬이 물러서던 그 기특했던 말투도.

몇 시간을 혼자 놀며
끝내 피곤한 아빠를 깨우지 않았던 그날 오후도.
"아빠, 어깨 안마해드릴게요" 하며
토닥토닥 두드려 주던 그 작은 두드림까지.
모두 이렇게 선명한데 말이야.

사랑은 그렇게 나도 모르는 사이에
힘들고 어려웠던 것을 지우고
예쁘고 좋은 것들을 새겨 놓나 봐.

나도 그렇게 기억될 거야.
사랑한다 하시니까 말이지.

아빠는 잠시 그런 생각에 잠겼습니다.

"

사랑은 여기 있으니
우리가 하나님을 사랑한 것이 아니요
하나님이 우리를 사랑하사
우리 죄를 속하기 위하여
화목 제물로 그 아들을 보내셨음이라

"

(요일 4:10)

파아란

태양광 속에 포함된 여러 가지 빛들의
제각기 다른 산란, 하늘이 파란 이유다.

다른 색의 하늘에서 살아본 일이 없으니
만일 하늘이 애초에 다른 색이었다면
어땠을지 상상이 쉬이 가지 않지만
푸른색, 그야말로 적절해 보인다.

아이가 색연필을 고르듯
저 너른 하늘 그 위에 펼치시며
하필 파란색을 선택한 그분은
참으로 예술가시다.

그리고 계산하셨겠지.
그렇게 파란색을 내려면
빛의 파장을 어떻게 두어야 할지 말이다.
산소, 질소, 수증기 하다못해 먼지들의 역할까지도.

바라보며 좋으셨을 마음이 이해가 간다.
이토록 파아란 색이 나왔으니까 말이다.
그리고 바다가 그 파란 빛을 고스란히 받아
또 다른 푸른 빛으로 반응했을 때
그분의 마음이 만족으로 가득했을 것 또한
짐작이 간다.
그래 짐작이 간다.

그리고 이어서 그 파란 바다들이
저 위에 파아란 하늘로 두둥 날아 올라서는
하아얀 구름이 되게 해보자 하셨을 거다.

아 조물주시여
나는 당신의 열렬한 팬이옵니다.

생각찍기

어릴 적부터 내가 가진 취미 가운데 하나는
그냥 가만히 앉아 생각하는 일이었습니다.

그러다 딴에 용하다 싶은 생각이 들면
어디에든 적어두지요.
그러니까 둘을 합치자면
가만히 앉아 무언가를 적는 것이
나의 취미 중 하나입니다.

돌아보니 썩 괜찮은 취미였다 싶습니다.
만일 당신이 요즘 마땅한 취미거리를 찾고 있으신다면
강력하게 권해드리고 싶군요.

생각을 적는 일은 마치
사진을 찍는 일과 비슷해서
눈앞에 풍경이나 기억 혹은 사람을 사진으로 찍어두듯이
순간 떠오른 생각을 나의 글씨로 찍어두는 일입니다.
나에게 찾아왔다가 다시 오지 않을 수도 있는 생각들을
글씨라는 나만의 그물 속에 가두어 두는 일인 것이지요.
그저 나의 생각뿐이었던 그 어떤 것을
일종의 파일화 하는 작업입니다.
그런 의미에서 메모와 사진은 닮았습니다.

실은 블로그와 SNS를 시작한 가장 큰 이유도
이 취미를 좀 더 진전시켜 보자는 궁리에서였습니다.

그렇게 적어 놓은 단어와 문장들은
후에 하나의 노래가 되기도 하고
알아주는 사람이야 별로 없지만
한 편의 글이 되기도 했습니다.
아니 굳이 이런 것을 떠나서라도,
내가 지금까지 살아오는 데 있어서
참으로 좋은 연료가 되었습니다.

오늘도 이렇게 몇 가지의 생각을
글로 찍어둡니다.
산과 눈과 나무 그리고 하늘과 구름이 담긴
사진과 함께 말입니다.

풍경이 렌즈를 지나
사진기 안에 맺히듯
내가 살아가는 풍경이 내 마음속에 비치고
그 비친 생각을 종이 위에 적습니다.
아주 즐거운 일입니다.

내일을 위하여

명절, 시골집 서랍을 뒤적이다 발견한 부모님 사진.
1964년 8월 17일 '내일을 위하여'.
두 분의 약혼식 사진이다.

"고생 시작이었지….."
"참 의기양양했었는데….."
사진을 보시고 어머니와 아버지가 하셨던 말씀이다.

그렇지. 참으로 의기양양했을 것이고
후에 다가올 시린 세월들에 대한 계산 같은 것은
없던 파란빛 시절이었겠지.

두 분의 맑은 피부와 곱게 빗어 넘긴 머리카락을
48년 동안 지켜낸 사진이 기특했다.
셔츠의 깃과 원피스의 무늬 같은 유행들이
수 바퀴 돌고 돌았을 그 오랜 시간 동안 말이다.

지금의 내 나이보다 훨씬 어린,
사진 속 아버지와 어머니.

두 분이 건너온 인생의 강,
그 깊고 높은 여울들 속에서
두 분은 그렇게 달려드는 인생을 받아내셨고
아픔들은 겹쳐 들었었다.

그리고 그 슬픔과 아픔들을 거름 삼아
우리 삼 남매는 자라났을 것이다.

터무니없는 TV 연속극의 이야기들 따위와는
그 질량과 감촉이 전혀 다른 우리네 사람들의 이야기.
그 빼곡한 사연들 어딘가에 두 분의 이야기도 반짝거릴 것이다.
최소한 내가 살아 있는 동안은 그럴 것이다.
명멸하는 빛과 어둠, 그것이 바로 인생일 텐데.
손에 쥔 오래된 인화지가 사십여 년을 꿋꿋이 지켜온
그날의 추억이 농밀한 흑백으로 반짝거렸다.

또 다른 '내일을 위하여'.

2012 낙엽

봄비의 기억이 아직도 생생해.
하지만 이렇게 겹쳐 누워서
우린 지금 가을비를 맞고 있어.

우리 모두 이제 다시 돌아가.
여기 대지로 말이지.

썩으면 다시 피어나서
가지도 되고 열매도 되는
씨앗도 아니니
그냥 썩어져 버리고 말 테지.
그럴 테지만….

흙 사이사이 촘촘히 스며들어서
다음에 올 생명들의 거름이 되어 줄 생각이야.

그것만으로 충분하다고,
우리 함께 이야기 나누는 중이었다.
그것만으로 충분하다고.

되게 멋졌어.
지난 시간들 말이야.

나는 말이지

뒤틀리고 낡아지고 이 모양으로 삭아졌지만
나는 사다리였어.

여기 아래와 저기 위를 이어주는 일.
미처 닿지 않는 곳을 향한 돋움이 필요할 때
벽에 비스듬히 기대서는
버텨내고 또 버텨내는 일.
그게 내가 하는 일이었다.

저기 높은 하늘에 닿을 수도 없었고
그렇다고 나 홀로 우뚝 설 수도 없었지만
내가 보기에도 나는 적잖이 요긴했어.

봄, 여름, 가을, 겨울, 그 안으로 깨알 같던 낮과 밤들.
바람과 비들이 나를 이렇게 서서히 쇠잔케 하는 동안 말이지.

내가 더 이상 버텨 낼 수 없다는 것을
나도 그들도 인정할 수밖에 없던 어느 날,
나는 여기 텅 빈 공터에 버려졌다.
이제 누구도 나를 타고 오르지 않아.

오늘도 나는 나의 벗이자
친애하는 동지인 담벼락에 기대어 있어.
그도 나처럼 낡아졌고 또 버려졌지.
서운하고 아쉬운 마음이야 말로 다 할 수 없지만
낡아지는 것이 어디 나쁜이겠나.
잿빛으로 파리해져 가는 것이
어디 나쁜이겠느냐는 말이지.

가만히 이렇게 벽에 기대서

감사하다고 생각해 보려 해.
고마웠다고 보람 있었다고 말이지.
나는 사다리였으니까 말이야.
그랬기 때문에 여기 아래와
저기 위를 이어 줄 수도 있었고,
미처 닿지 않는 곳을 향한 돋움이 되어 줄 수 있었던 거잖아.

이제 부서져 인부들의 땔감이 될 수도 있을 거야.
그러면… 연기로 타올라서는
내가 늘 선망해 마지않던
저 높은 하늘, 저기 저 위로 날아오를 테지.

나는 말이지.
나는 사다리였어.

돌다가

너의 찡그린 표정이 이해가 가는구나.
늘 같은 동심원을, 늘 같은 음악 속에
그것도 늘 같은 방향으로 돌아야 하니
짜증 아니고 그 무엇이 서겠는가 말이다.

하지만 우리도 다르지 않단다.
자칫 미끌하면 우리도 그렇게 살고 말거든.
같은 궤적을 돌다 돌다 지치고
그래서 이곳저곳이 뻐근해져 올 때쯤엔
덜컥하니 무서운 마음 같은 것이 서거든.
이젠 돌아가지 못하겠구나 싶은 그런 마음 말이야.

그래도 너무 슬퍼하진 말거라.
아마도 너는 평생 볼 수 없겠지만
네 등 위에 올라탄 그 이들이
저 하늘의 햇살처럼 환하게 웃고 있으니까.

그만큼 사는 것도 쉬운 일은 아니더라.

살아보니 그렇더라.

무시당했다는 생각은
독한 술과 비슷해서
사람의 얼굴을 붉게 만들고
어리석게도 만드는 동시에
규모 없는 말들을 마구 내뱉게 한다.

아니 이놈은 술보다 더 독한 것이
자존감이라는 내(內) 벽에 가장 취약한 부분을
기가 차게 알아내는 감각을 지녔기 때문에
별다른 병법 없이도 견고해 보이는 벽체를
쉬이 무너뜨릴 수 있는 신기도 가지고 있다.

누가 누구를 무시하는 일이야
사는 이들 사이에 수시로 벌어지는 일이니
거기에 오해까지 더하면
무시당했다는 생각만큼 흔한 동시에
진한 휘발성을 지닌 생각도 없겠지 싶다.

그렇기 때문에
무시당한 것이 행여 사실일지라도
가능한 한 그 생각들을 빨리 증발시켜야 한다.
제정신으로 살아야 하니까 말이다.

무너지는 때

어떻게 하면 이 일을 잘해낼 수 있을까 할 때보다
'아! 이 일은 결국 안 되는 거였구나' 하는, 바로 그때
더 많은 지혜와 에너지가 필요하다.
잘 세우는 일이 중요하듯
잘 무너지는 일도 못지않게 중요하니까.

실망 그 언저리 어딘가에 분명 지혜도 있다.
그것도 웅축된 상태로.

나는 모태신앙입니다.
태어나 보니 집안에 종교가 이미 결정돼 있었던 거지요.
달리 말해 종교의 자유가 없었습니다.

나의 선택으로 주어진 십자가가 아니라
믿음의 부모님으로부터 전달받은 십자가를
가슴에 안고 살아오면서
이 '예수'라는 이름을 조금만 더 안고 가볼까
아니면 여기에 그냥 내려두고 갈까,
정말 심각하게 고민했던 순간이 몇 번 있었어요.

결국, 이런저런 과정들 사이
때마다 지혜가 찾아왔고
무엇보다 좋은 사람들을 만나면서 예수라는 이름의 양감(量感)이
제 삶 속에 좀 더 입체적으로 새겨지게 된 세월에 감사합니다.

태어나길 기독교 집안에서 태어났으니
의식 없던 시간까지 모두 합치면
신앙경력이 44년 정도 되겠네요.

물론 더 많은 경험과 깊이를 지닌 분들이 도처에 계시지만
그래도 44년이라는 세월이 짧기만 한 것은 아닐 것입니다.
무슨 일이든 아무리 그 일을 나태하게 했다고 해도
일종의 앎 같은 것, 나아가서는 작은 도 같은 것이 트이기에
충분한 세월이라 생각됩니다.

그런데….
예수를 믿고 그 뜻을 바라보는 삶이라는 것이
나에게는 전혀 그렇지 않다는 것이 큰 문제입니다.

이렇게 글로 적기 좀 부끄럽지만
적지 않은 세월이 지났음에도 나의 소위 그 앎이라는 것이 얼마나
두터워졌는지 확신이 서지를 않습니다.

오히려 시간이 지나갈수록 오히려 하나님과 나 사이의 간극이
점점 더 넓어져 간다고 할까요?
그래서 당황스럽고 난감했던 경우가 한두 번이 아닙니다.
'내가 누군가의 앞에서 뭔가를 가르치는 이로 살아도 되는가?' 하는
질문 같은 것이 수시로 들기도 합니다.

그런데 그런 와중에도 일종의 위로 같은 것은 늘 있어서
어느 날 하나님과 나의 공통점 하나를 발견했습니다.
아무리 하나님이셔도 피하실 수 없는 공통점.
그것은 바로 이름입니다. 이름.

그 이름은 바로,
'아버지!'

어느 날 번뜩 그런 생각이 찾아오더군요.
내가 하나님을 부르던 바로 그 이름으로
내 딸아이가 나를 부른다는 생각.
"아부지…."

그 이후로 나는 나 자신이 하나님의 마음을 아는 데 있어서
오차 범위가 가장 작은 상태는
바로 내가 아버지의 마음으로 서 있을 때라고 생각합니다.
하나님을 향한 오해의 폭을 가장 줄일 수 있는 마음의 좌표라고나 할까요?

그래서 그런지 아이를 키우며 참 많이 배웁니다.

예를 들어 아이가 그림을 그리거나 만들기를 했을 때,
내 마음에 일어 오르는 즐거움 혹은 대견함 같은 것을 보면서
내가 만들어 내는 창작물들이 지닌 어눌함에 대해
조금 더 여유로운 접근 같은 것이 가능해지는 거지요.

아이가 색 점토로 접시 위에 빚어놓은 그림을 보며
그냥 지나치는 것이 아니라
사진도 찍고 그 안의 섬세함에 객관, 그 이상의
감탄도 하고 그러는 것이 부모 아니겠습니까.
그런 생각을 하다 보면 마음이 뜨듯해져 와요.
크신 분이 나를 그렇게 보지 않을까 싶어서 말이지요.

오늘도 자기가 만든 작품을 들고 수줍게 웃고 있는
아이의 사진을 보면서 아빠는 다시 허여멀겋게 웃었습니다.

들어줄 테지

워낙에 이비인후과적인 문제가 많던 내 오른쪽 귀가
어제부터는 전혀 들리지 않는 느낌이다.
사람들 앞에서 노래하는 내내 낯선 내 목소리에
많이 힘이 들었다.

그렇게 한쪽 귀로 노래하면서 이런저런 생각이 참 많이 들었다.
그다지 크게 당황하지 않는 내 모습을 보면서는
'그래도 내 속에 경험이라는 것이 이렇게 쌓였구나' 하는 생각이 들었고
'아직 왼쪽 귀가 있어 다행이다'는 생각도 들었다.

'오른쪽 귀가 들리지 않는다고 생각하지 말고
왼쪽 귀가 듣고 있다 생각하며 노래하자!'고 마음먹었으니까.

내가 베토벤 같은 천재는 분명 아니니
어느 날 무슨 일이 있어서건 왼쪽 귀마저 들리지 않는 날이 오면
그때 나는 '이 일을 그만두어야 하는구나' 하는 생각도 들었다.

그것이 슬프다거나 두렵다기보다는
이렇게 아무것도 아니구나 하는 생각이 들었다는 말이다.
뭔가 아등바등한 면들이 내 속에서 불쑥 할 때면
이 생각으로 가벼이 털어 버려야겠다는 마음도 먹어봤다.

날이 밝으면 병원에 가봐야 한다.
늘 그래 왔지만 이번에는 내 잘난 오른쪽 귀에
또 무슨 난장이 벌어지고 있는지 들어봐야 하니까.
왼쪽 귀가 열심히 들어줄 테지.

어디에

그렇게 쏟아 부었어도
이젠 그 자리에 없겠지.

그로서도 어쩔 수 없는 일이야.
그는 빙점 이하에서만
하얗게 존재하니까.

어쩌면 우리는 그날
처음 만난 게 아닐지도 몰라.
언제가 한 번쯤은….

그때, 거기서 흘렸던 내 눈물일 수도 있을 테고
내 이마에서 맺혀있던 한 방울 땀이었을 수도 있고
그 길 차창에 와 부딪히던 빗물이었을 수도 있고
감기가 지독하던 날 마셨던 따뜻한 차 한잔이었을 수도 있으니까.

지금쯤 구름이 되었는지
바다가 되었는지
대기가 되었는지
아니면 다시 땅으로 내릴
준비를 하고 있는지
혹 누군가의 숨 속에 담겨 있는 중인지 모르지만

무엇이 되어 있건
윤택, 생명, 열매, 삶….
이런 것들이 있는 곳에는
어김없이 그도 있을 거야.

갑자기 오래전에 좋아했던
한 가수의 노래가 생각난다.
이 노래 참 좋았어.

그
대

—한대수—

그대 어디 있소 그대 어디 있소
아! 있소 아! 있소
내 맘속에…

그대 모습 있소 그대 모습 있소
아! 있소 아! 있소
내 맘속에…

머나먼 지금까지 향기에 휘날려도
남겨진 향기같이 오로지 그대 위해
…때문에

그대 사랑 있소 그대 사랑 있소
아! 있소 아! 있소
내 맘속에…

(중략)

마음을 그릴 때

마음을 그릴 때 사람들이
심장 모양의 하트를 사용하는 것은
마음이 너무 아프거나
혹은 너무 기쁠 때는
가슴이 막 터질 것 같기 때문일 거야.

마음을 그릴 때 사람들이
여전히 하트를 사용하는 이유는
좋은 사람을 만나거나
정말 하고 싶은 일을 만나면
가슴이 마구 뛰기 때문일 거야.

뇌의 기능이나 심리적인 역할에 대한
빛나는 연구가 이어져도
아마 이건 변하지 않을 것 같아.

마음을 그릴 때….
그때
우리가 하트모양을 쓴다는 것.

마음, 그 알 수 없는 것이
심장 어딘가와 제대로 이어져 있는 것 같거든.

산타클로스 할아버지께

지난 크리스마스이브 저녁에
딸아이는 무슨 바람이 불었는지
친구 유진이네 집에서 자고 싶다고 졸랐습니다.

엄마들 사이에서는 이미 이야기기 끝난 것 같았고
아빠에게 최종 승인을 받는 과정인 듯했지요.
내심 조금 서운하기는 했지만
특별한 날인만큼 상황이 이미 기운듯하여 허락해 주었습니다.

유진이네 집에서 자려던 딸아이 마음에
그럼 산타 할아버지 선물은 어떻게 받아야 하는 건가 하는
생각이 늦게서야 들었던 것 같습니다.

그래서 친구 집 현관 밖에 이와 같은 편지를 붙여놨다는군요.

덕분에 그날 새벽,
그 제보를 받은 산타 할아버지의
긴급출동이 있었습니다.

나머지는 모두의 상상에 맡깁니다.

산타 크로스 할아 버지께

산타 할아버지 잊자나요. 저 선물을 유진이네 집에

놓아주세요 유집이네 집에서 자거두요 그리고 우리선

물은... 커피~oo 맛잇게 드시고 잘지네고요.

나중에 다시 보아요 하하~ 몽

메리크리스 마스 ~

🎄 ‿

저의 선물 제발..

알랑시정~ 주세용~ 몽

사랑 하고 커피 가져가시겨야 되요

오호호호~ oo

MY BEST
FRIEND

TODAY

이 흔하디흔한 일상이 모여 인생이 된다.

일상(日常)

TODAY 01

우린 모두 일상을 산다.
아니, 우리가 사는 그 일을 일컬어
일상이라 하지.

딱히 멋있다 할 것도 없고
늘 비슷한 리듬이 이어지며
한없이 무거울 때도 있는 반면
수시로 가볍다 느껴질 때도 있는 동시에,
때로는 그것이 거기에 있었었는지조차
잊은 채 살기도 하는 일상.

하지만
이 흔하디흔한
일상들이 모이면 그것이 인생이다.

일상이 무너지면
생도 무너지는 것이고,
일상이 행복하면
삶도 그렇게 될 것이다.

여행지의 풍광이
아무리 아름답다 한들
우리네 사는 여기 일상에
그 자잘한 감동들만 하겠는가.

늘 그렇게
내 일상을 구해내야 한다.

그러니 주님, 나의 일상을 받으소서.

자신의 호흡과 리듬으로 산다는 것

흐른다는 뜻의 '유'(流)와
다닌다는 뜻의 '행'(行)을 합쳐 놓으면
유행이라는 단어가 나온다.
뜻대로 풀자면 유행은 '흘러다닌다'는 뜻이다.
아주 적절해 보인다.

서양의 패션(fashion)과는 그 감촉이 좀 달라 보이는 것이
소위 이 '유행'이라는 경향을 보는 동양적인 사상이
이 단어의 뜻에 잘 배어있다.

다른 이들 앞에 서서 노래하고
이야기하는 일을 한 세월이 이젠 적지 않지만
아직도 여전히 쑥스럽고 떨리는 것은 어쩔 수가 없다.
이런 일이 늘 반복되다 보니 나는 이런 상황에 대처하는
나만의 노하우를 가지게 되었다.
그것은 나만의 호흡과 리듬을 갖는 것이다.

청중 앞에 선다는 일은 늘 변화무쌍한 일이다.
호의적인 사람들, 때로는 적대적인 사람들.
무관심한 사람들, 또는 각별한 애정으로 나를 대하는 사람들.
점잖은 청중, 발랄한 청중.
속으로 듣는 사람들, 즉각적으로 표현하고 반응하는 사람들.

이 모든 상황 앞에 서서 그 상황에 지배당하지 않는 방법은
나만의 리듬과 호흡을 갖는 것이다.
상황이 좋든 혹 그 반대이든 간에
나만의 리듬과 호흡을 가지고 내 일을 하는 것이라고 할까?
말로 표현하기가 쉽지 않다.

마주한 상황이 열광이든 아니면 냉담함이든 크게 개의치 않고

나만의 호흡을 가지고 나의 리듬을 지니는 것.
마치 나의 노래들이 이미 정해진 리듬으로 불려지는 것처럼 말이다.

유행을 대하는 일 또한 마찬가지가 아닌가 생각한다.
유행, 그것이 어떻게 태어나서 또 어떻게 자라 오르는지 모르지만
그것은 말 그대로 흘러다니는 것이다.
때마다 다르다는 말이다.
그 변화무쌍한 바람에 그저 휩쓸려 다니기에는
우리 삶이 너무 소중하지 않겠는가.

그렇기 때문에 늘 자기만의 리듬, 자기만의 호흡을 지녀야 한다.
그것이 오만과 편견에 뿌리내리지 않는 선에서 말이다.

"인생은
그 날이 풀과 같으며
그 영화가 들의 꽃과 같도다
그것은 바람이 지나가면 없어지나니
그 있던 자리도 다시 알지 못하거니와"

(시 103:15-16)

깃발이 흔들거리는 이유

깃발이 흔들거리는 이유는
그가 약하고 부드럽기 때문입니다.

약하고 부드럽기에
지나는 바람에게 오만하지 않은 거에요.
그렇게 끊임없이 바람의 지나감을 읽고
길을 비켜 주느라
흔들거리고 또 흔들거리는 것입니다.

깃발이 흔들거리는 이유는
그가 저 높이 서 있기 때문입니다.

거기 서서 누군가에게는 용기를 주고
또 누군가에게는 방향이 되어주고
또 다른 누군가의 가슴을 뜨겁게 덥혀주지요.

깃발이 흔들거리는 이유는
그가 늘 그 자리에 있기 때문입니다.

작은 꾀나 지름길 같은 가벼운 궁리들이 없기에
푸른 하늘 그 가운데 담겨 서 있으면서도
어색하거나 못나 보이지 않는 거에요.

사람의 열정이 세운 깃발.
사람의 사랑이 세운 깃발.
사람의 이기심이 세운 깃발.
그 뜻들은 다양하겠지만
그저 자기 맡은 일을 조용하게 해내기 위해
오늘도 깃발은 흔들거리는 거에요.

기왕 흔들거리며 살 거라면
깃발 같았으면 좋겠어요.

정말이지 세상은 배울 것 천지입니다.

인생 어려워

주말에 아이와 함께 뮤지컬을 보고 온 아내가
이 얘기 한번 들어 보라며 말을 꺼낸다.

"오늘 은서와 뮤지컬 보는데 극 중에
'인생 참 어려워'라는 대사가 나오는 거에요.
순간 은서를 보니 고개를 끄덕이고 있더라고요.
그래서 은서에게 물어봤어요."

"은서야, 인생 어렵다는 말이 공감이 가?"
"그럼, 엄마. 얼마나 어려운데…."
"뭐가 그렇게 어려워?"
"아이들하고 관계하는 게 얼마나 어려운데…."

엄마 아빠는 이야기를 나누면서 웃음도 나고
마음 한 곳이 살짝 아프기도 했다.
이제 초등학교 1학년 아이의 눈에 비친 인생이
벌써 어렵게 다가오는구나 하고 생각하니 말이다.

그래, 인생 어렵지. 맞아.
그래도 은서야, 쉽게 할 수 있는 일이라면
한 번 사는 건데 좀 모자랄 것 같아. 그 치?

인생은 바다 같이 깊어서 늘 그렇게 출렁이는 걸 거야.

아무 일도 일어나지 않는다 해서

그날 마지막 기차가 지나간 후로
더 이상 기차는 오지 않았어요.

누구도 내게 그 이유를 설명해 주지 않았죠.
내일은 오겠지. 다음 주면 올 거야.
그렇게 저기 언덕 너머 같은 기다림만 쌓여갈 뿐
단 한 칸의 기차도 만날 수 없었습니다.

카메라 들고 나를 찍던 한 남자가 이야기해 주더군요.
"더 이상 기차는 안 와. 저기 저 앞에서 길이 끊어졌거든.
앞마을에 재건축이 있었고, 길은 거기서 끊어졌단다. 미안하구나."

이제야 알았습니다.
그렇게 멀리서부터도 선하던 육중한 기차의 발자국 소리가
왜 그날 이후로 더 이상 아득하게라도 들려오지 않았는지 말입니다.

기차가 지날 때면 있는 힘껏 버텨 냈었어요.
타는 듯이 나를 달구던 여름도
갈라질 것처럼 추웠던 겨울도 말이지요.

하지만 나는 계속 기다릴 겁니다.
있는 힘을 다해 내 모습을 지켜 내면서 말이지요.
언젠가 다시 아득하게 들려올
그 심장 소리 같은 쿵쾅거림을 말입니다.

아무 일도 일어나지 않는다 해서
아무 일도 하지 않는 것은 아니거든요.

봄의 유익

새벽이 간밤을 그 남은 한 점까지
모두 지우고 나면 아침이 오듯이
봄볕이 지난겨울들을 부지런히도 지웠네요.
그 길을 따라서 많은 생명들이 되돌아왔고요.

이렇듯 빛과 어둠, 생명과 죽음.
이런 것들은 우리네 사는 일 그 바로 곁에 항상 함께하는데요.

이 묘한 조화들을 다루는 일이 늘 쉽지가 않기에
생명이자 빛이라 말씀하신 그분을 찾고 또 찾아요.

그래서 그런지 어둠이 빛으로 바뀌는 새벽이
그분을 느끼기 좋은 시간인 것처럼
봄 또한 그러기에 참으로 유익한 시절인 것 같습니다.

마음, 그 한가운데

할 수 있는 한
마음, 그 한가운데는 비워 놓으려 합니다.
공연히 높아진 생각이나 또는 낮아진 생각들이
어지럽히지 않도록 말이지요.

긴 여행 중이건
익숙한 내 집이건
행여 많은 사람들에게 둘러싸여 있건
오직 나 혼자와 마주 앉아 있건
마음, 그 한가운데는 부드럽게 비워놓고 싶습니다.
어린아이의 살결같이 말입니다.

아침, 잠에서 일어나
내 마음 안을 축복해 봅니다.
하루가 평화로만 채워질 수는 없을 것이고
모든 일들이 내 원대로 흘러가지도 않겠지마는
잘 비우고 잘 채우는,
그래서 작아도 깊은 하루 될 수 있기를
가슴 언저리에 손을 얹고 축복해 봅니다.

거기 어디쯤 내 마음 한가운데 있지 않을까 생각하며
그렇게 축복해 봅니다.

아플 때

내게 있어 만으로 마흔둘의 봄.
그러니까 2012년의 봄은 정말이지 쉽지 않았다.

오르기 시작한 열은 몸살로 번졌고
몸살에 겨운 폐는 멈추지 않을 것 같은 기침을 만들어냈다.
소화기관들도 뒤이어 화답했었지.

지친 몸에 불면증까지 겹쳐서
회복하는 데까지 4주 정도가 걸렸으니
소위 '그깟 감기'라고 부르는 단어 앞에
왜 '독(毒)'자를 붙이는지 온몸으로 실감한 시간이었다.

주위의 어르신들이
"사십 줄을 넘기면 그렇게 한 번 되게 아프다"는 말씀을 하셨는데
아마도 내게 그 시기가 그때였던가 싶다.

아프면 자란다고 하지.
애 키우는 아빠로서 매우 옳은 말이라 생각한다.

그런데 아픔이라는 것이
있다가 사라지고 없다가 나타나는 것이 아닌 것 같다는 생각이 한편 든다.

"우린 모두 늘 다 아프다."
짧은 시간 목회라는 것을 하면서 했던 생각이다.
모두 다 그렇게 아프다.
몸이든 마음이든, 소위 말하는 영혼이든.

엘리베이터에서 마주친 윗집 아주머니도 아플 것이고
아파트 경비초소에서 밤을 지새우는 아저씨들도 아플 테고
길 건너 편의점 아르바이트 청년도 아플 테고

지금 부르릉 지나가는 마을버스 기사 아저씨도 아플 것이다.
부모님도, 아내도, 내 아이도, 그리고 나도
모두들 아프다.

예수님 눈에는 다 보이셨겠지.
그네들이 그렇게 아픈 것이 말이다.
그분이 가는 곳마다 늘 사람들이 넘쳐난 이유도
모두들 아팠기 때문일 테다.

때문에 예수님은
십자가로 끌려가시지 않았을 것 같다.
오히려 그리로 뛰어들어가셨겠지.

때때로 몸살 같은 일상을 살아가며
마음속에 예수가 이렇게 간절하게 필요하니
차라리 이도 복이라 다시 믿어본다.
그들이 예수 앞에 나아오듯
나도 그분께 나아갈 테니.

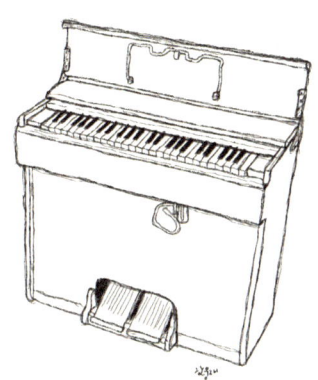

"그 사람은, 예수께서 유대에서 나와 갈릴리로 들어오셨다는 소문을 듣고,
예수께 와서 "제발 가버나움으로 내려오셔서, 아들을 고쳐 주십시오" 하고
애원하였다." (요.4:47, 새번역)

그냥 두기로 했다

외로움이라는 것은 늘 불쑥 해서
불식 간에 엎질러 놓은 물처럼
뜬금없고 난감하다.

시간이 그 결을 따라 흐르는 사이
이렇게 혼자 우두커니 앉아 있다 보면
은근히 가슴을 죄어오는 것이 외로움이다.

그 유익을 찾아보자.
그 유익을 찾아보자.
겹으로 궁리를 하다가
그냥 두기로 했다.
친구 삼기로 했다.

유익이 없어도
곁에 둘 수 있는 것이 친구니까.

(뉴욕 현대미술관에서)

조향(裝置)보다 제동(制動)이 훨씬 우선적이고 중요한 메커니즘인 것은
출발의 실패로 생기는 위험보다
멈춤의 실패로 발생하는 피해가 월등하기 때문입니다.
정지 표시는 보통 붉은색이기 마련이지요.
생명이 달린 문제이기 때문일 겁니다.

느림이나 멈춤이라는 단어가
호사스러운 낱말처럼 들리는 시절이지만
실은 멈추지 못해 부서진 형편들이 도처에 많이 있습니다.
멈추지 못하면 결국 다시 떠날 수도 없게 되겠지요.

그래서 어려운 것 같습니다.
출발점을 알아채는 일보다
멈춰야 할 지점을 정확히 알아내는 것이 말입니다.

잠시 이 자리에서 기다려 봅니다.
지금은 붉은색 표지판이 내 앞에 서 있으니까요.
곧 초록빛 바람이 불 테지요.

더 힘찬 출발을 위하여.

그런 날

마음 어려운 일들이 차곡차곡
겹쳐 달려드는 날이 있지?

그냥 그날이 오늘이었다고 생각하자.
속상한 생각들 곱씹지 말고,
그 일들을 묵상하지 말자고.

오후 8시 54분,
지금 이 시간부터 오늘이 다 지나기 전까지
고마운 일은 뭐가 있을까
찾아보다가 잠들자.
그렇게 오늘로부터 빠져나가자.

Good evening!

인간만이

오직 인간만이 열매를 키우고
그 열매를 거두고 저장한다.

오직 인간만이 그 열매를 말리고 볶아내며
그 볶은 열매를 갈아서 물과 열로 녹여낸다.

오직 인간만이 이 모든 과정을
더 탁월하게 해낼 수 있는 방법이 무엇일까 골몰하며
오직 인간만이 거기서 나는 쌉쌀한 향을 즐기고
그 맛과 향 속에서 상상하고 추억하고 감사하고 사랑한다.

그리고 오직 인간만이 그 따뜻함을 사이에 두고
울고 웃고 이야기한다.

그렇게 우리는 열매 맺고 저장하며
요리하면서 또한 탁월을 골몰한다.
그렇게 우리는 향을 즐기고 상상하면서
감사하고 사랑하는 동시에
서로 만나 울고 웃고 이야기한다.

허락된 일이 이렇게 많으니
해야 할 일도 많은 거겠지.
해야 할 일이 그렇게 많으니
지혜는 늘 부족한 거겠고.

열매 맺는 일
저장하는 일
요리하는 일
탁월해지는 일
즐기고 상상하는 일

감사하는 일
사랑하는 일
울고 웃는 일
나누는 일

모두 허락된 일이지만
어느 하나라도 쉬운 일이 없으니….
정말이지 하나님의 짓궂음은 상상 그 이상이다.

(뉴질랜드 남섬 더니든에서)

악기

어떤 것이 악기가 될 수 있는가의 문제는
알 수 없는 일인 것이
무엇이든 저마다의 울림이 있기 때문이다.

"살아 있는 모든 것은 소리를 낸다"
라는 말을 좋아하는 이유도 그 때문이다.

이처럼 모든 것들은 저마다 흔들거리면서
고유의 울림을 만들어 내기에
적재적소(適材適所)만 찾을 수 있다면
애초에는 별로 음악적인 존재가 아니었다 하더라도
음악에 한 부분을 거들 수 있다.
그만이 낼 수 있는 묘한 조화를 만들어 낼 수 있다는 말이다.

어쩌면 내가 음악을 하는 원리도
이와 같은 건지 모르겠다.

실은 별것 아닌 사람에게
일종의 적재와 적소가 찾아와 줘서,
그런 선물 같은 기회들이 주어져서
뭔가 소리를 내고
그나마 의미 있는 떨림을 낼 수 있는 것일 테니 말이다.

내슈빌에서 퍼커션(percussion) 작업 중
열쇠를 잔뜩 묶어 놓은 흥미로운 악기를 보며
왠지 나를 닮은 듯한 마음에
사진에 담아봤다.

한잔의 차와 같은 마음

따뜻하게 데워서
식기 전에 건네는 한 잔의 차와 같은 마음.

작은 잔에 더운 마음 잘 담길 수 있도록
식는 것이 운명이나 쉬이 식지 않도록
가슴으로 전하는 한잔의 차와 같은 수고.

여러 말 건네지 않아도
이미 가슴속으로 번지는 위로 같은 온도.

부단히

우리 어머니, 봄에 뿌려 놓으신 작은 씨앗들.
여름과 가을 지나 열매로 맺히는 동안
많은 비와 바람들 만났지요.

허투루 보면 그냥 밭일 뿐이지만
그 많은 바람과 비들 비켜 이겨 내기까지는
군데군데 심어 놓으신 말뚝들의 공이 컸었어요.

연약한 가지들은 말뚝 사이사이 동여 묶은
노끈들, 그 부단함에 기대어
그렇게 몇 주, 몇 달을 견뎌 낸 거니까요.

이런 일이 있는 내내
말뚝은 오직 한 가지 일만 한답니다.
그냥 그 자리에 서 있는 것 말입니다.

그냥 그 자리에 있어 주는 것.
가을까지 버텨 주는 것.
애가지가 자라 열매가 될 때까지
뿌린 이가 거두러 올 때까지
시큼하고 떨떠름한 것들이 달고 부드러워질 때까지
너무 흔해서 사람들이 쉬이 지나치는
그 놀라운 기적이 대지 위를 다시 덮을 때까지
그저 그 자리에 있어 주는 것.

사람들도 그런 사람들이 있다 믿어요.
눈에 잘 띄지 않아도
그냥 그 자리를 지켜 서 있는 사람들이 말입니다.

정작 자신은 열매 하나 달아내지 못하지만
푸른 생명이 자라 오를 때까지
부단히 견뎌내 주는 저 말뚝들처럼
그저 그런 듯 푸석해 보이는 이 세상 곳곳에
군데군데 하늘이 심어 놓은 듯한
우직한 사람들이 있다 믿어보네요.

그러니 그 자리에서 버텨 주는 것만으로도
큰 봉사일 때가 있는 겁니다.

끊임없이 뚝뚝 떨어지는 물방울이
바위를 뚫는 것은,
물방울의 힘이 아니라 그 부단함 때문이다.
(요슈타인 가아더)

침엽

철마다 그 색을 달리하는
부드러운 잎사귀도 없고
단 즙이 배어 나오는
열매 하나 달아내지 못하지만

우린 여기 이렇게 꼿꼿이 서서
푸르게 푸르게 그 하얀 겨울을 이겨내 선다.

116
–
의미 있는 하루

내가 있는 이곳은 흔들거리는 버스 안입니다.
그 안에서 미처 자리를 잡지 못한 사람들을 향한 작은 배려
그것이 나의 존재 가치이지요.

떠나고 서는 무수한 반복 사이사이에서
이렇게 그이들의 손을 꼭 잡고 있노라면
한 사람 한 사람의 이야기들이 멀게나마
전해져 오기도 합니다.

마른 손, 젖은 손, 고운 손, 거친 손,
아이의 손, 엄마의 손, 아빠의 손,
서류 냄새, 커피 냄새, 아기 냄새,
눈물 냄새, 돈 냄새, 잉크 냄새.

흔들림이 커질수록 사람들은
자신도 모르게 저를 더 꼭 붙잡습니다.
마치 홀로는 설 수 없는 저들 인생처럼 말이지요.

내가 여기 있었는지조차 기억되지 않겠지만
수많은 이들의 흔들거림을 지켜내며
나는 오늘도 의미 있는 하루를 보낼 것입니다.

내가 있는 이곳은 흔들거리는 버스 안입니다.

나를 굽혀

나를 굽혀 너를 비추는 일.
이 나이를 먹도록 수없이 마음 고쳐먹어도
되지 않는 그 일을
너는 이렇게 쉬이 해내고 있구나.
너를 받으니 그가 더 빛나는구나.
근사하다.

오늘도 여러 잔의 차를 마셨습니다.
차를 마신다는 일은 곧 마음들을 만나는 일입니다.
그러니 오늘도 여러 잔의 마음을 만난 것입니다.

겹으로 두른 목도리 사이로 기어이 스미는 겨울이
가로등 아래 길들마다 가득하지만
사는 일이 늘 겨울 같은 것만은 아니어서
이렇게 차 한잔 나누고 앉아 있노라면
마냥 외롭지만은 않은 것 같습니다.

그래서 그런지
방금 걸어 돌아온 골목길,
내 입가에서 피어오르던 허연 김이
더운 찻잔에서도 피어오릅니다.

세상이 차가우니
차가 고마워져 좋습니다.
마음도 그러하겠지요.

감사하구나

네 할 일을 다 했구나.
네 속까지 다 태워지는 동안
그러는 동안….
가난한 그이 마음이 따뜻했겠구나.

이렇듯 내게
다시 가르쳐 주니 감사하구나.

아침 샬롬

이른 아침, 딸아이의 잠꼬대에 눈이 떠졌습니다.
무슨 꿈을 꾸는지 짧게 여러 번 웃습니다.
맑고 밝은 웃음이 우리 가족 잠든 방에 꽃잎처럼 내려앉습니다.

반쯤 깬 아빠의 마음이 그윽해집니다.
행복한 상상이 절로 생깁니다.

아이의 기쁨은 아빠의 영광입니다.
하루는 늘 같은 질량이지만 그 속 어딘가에서
내 속에 짧은 기쁨도 내 아버지의 영광이겠지요.

주님 가르침의 길은 멀고 높은 곳에만 있는 것이 아니라
내 안 한 조각의 기쁨 속에도 있을 것입니다.

꿈길 걸으며 짓는 아이의 웃음 두어 조각이
중년의 아빠 마음을 그윽하게 하듯이
내 속에 내 아버지 마음 그윽하게 할
그런 기쁨 두어 조각 담아
이 하루의 여행을 시작하려고 합니다.

아이의 기쁨은 아빠의 영광입니다.

철쭉 가득 핀 마을에서
깊은 곳으로부터 샬롬.

파아란2

보통 세상에 흔하디흔한 것들은
그 값어치가 떨어질 거라 생각하지요.

어디에나 있는 것들은
쉬이 질린다고 오해받기 쉽고.
누구에게나 다 허락된 일들은
영 맹숭맹숭한 맛이 납니다.

그래서 사람들은
흔치 않은 것
여간 해서는 쉬이 발견되지 않는 것
오직 소수에게만 허락된 것들을
찾고 또 찾아요.

하지만 세상에서 제일 흔한 것 중 하나인
'파랑'만 봐도
그 말이 마냥 옳은 것 같지는 않군요.
'파랑'은 어디에나 있고요.
'파랑'은 누구에게나 허락되지요.

하지만 파랑은 진정으로 값지고
늘 봐도 새로우며 또 여전히 오묘합니다.
그것을 볼 수 있는 눈만 있다면 말입니다.

(사진은 뉴질랜드 남섬의 파랑입니다.)

균형

맛, 빛깔, 모양, 감촉.

이 네 가지 요소들이 각기 그 함량을 달리하면서
저마다 다른 감회를 주도록 설계되었고
동시에 철마다 기후마다 그 상황에 어울리게
싹트고, 열매 맺고, 늙어지며
땅, 하늘, 빛, 어둠, 물, 바람 그리고 누군가의 수고,
이 모두가 묘하게 어울려서는 여전히 달고도 상큼하니

어그러지고 구석구석 부서진 데가 많은 세상 같다가도
잠시 숨 고르고 믿는 마음으로 바라보면
세상, 그 속에는 아직도 엄청난 균형감과 지구력이 담겨 있다.

이곳

적지 않은 곳을 다녀보며 살았습니다.
그 중 가장 아름다웠던 곳이 어디였냐고 물어오면
나는 두 번도 고민하지 않고 자신 있게 말할 것입니다.

내가 다녀 본 곳 중 가장 아름다운 곳은
내가 사는 이곳, 바로 이곳이라고요.

사랑하는 내 딸 그리고 아내가 있는 곳.
두어 걸음이면 달려갈 수 있는, 부모님께서 살아 계신 곳.
가볍게 전화해 안부 나눌 수 있는 고마운 동료들이 있고,
손때 묻은 나의 물건들이 있으며
봄, 여름, 가을, 겨울, 그 색을 바꿔가면서
나의 무뎌지는 속사람을 늘 새롭게 깨워 주는 곳.
자주 실패하고 끊임없이 실망하지만
그런 나를 참아 주고 거듭 다음 기회를 주는 이곳.
내가 그렇게도 소중하게 생각하는 나의 일상이 있는 이곳.
바로 이곳이 세상에서 가장 아름다운 곳입니다.

나는 다행히도 그것을 아는 사람인 듯합니다.
이곳이 아름답지 않으면
세상 그 어느 곳도 아름다울 수 없다는 것을 말입니다.

푸념 반, 응석 반으로
지금 하는 일이 어렵다는 하소연을
계속해서 늘어놓던 친구에게
그 어르신이 말씀하셨다.

"야, 쉬우면 아무나 하게?"

그날 그 한마디로
내 안의 수많은 질문들 중 어떤 것들은
말끔히 정리되었지.

지금도 자꾸 어렵다는 생각이
내 속 어디선가 차오르면
그날 들은 말로 내게 말한다.

"야, 쉬우면 아무나 하게?"

수평, 지지, 균형, 높이, 넓이.

이런 여럿의 원리들이 서로 어우러져 의자가 된다.

의자의 쓰임새는 다양해서
권위의 상징이 되기도 하고
배려의 상징으로 쓰이기도 한다.

군림하려는 이, 섬기려는 이,
뺏으려는 이, 나누려는 이
모두에게 의자는 요긴하다.

아마도 앉아있는 이유가 저마다 다르기 때문일 것이며
누군가 의자를 그곳에 세운 마음이 다르기 때문일 것이다.

카메라 메고 사람들의 마을을 돌아다니다 보면
제일 자주 만나게 되는 것 중 하나가 의자다.
어떤 경계도, 어떤 조건도 담겨 있지 않은 의자를 만나면
늘 사진에 담게 된다. 버릇이다.

세상에 그저 우연이기만 한 일은 없어서
낡은 의자 하나 속에도 누군가의 마음이 담겨 있는 거라 믿는다.

양지바른 연립주택 담벼락에 나와 있는
낡은 의자의 모습이 다소곳하다.
뒷벽의 어설픈 칠 자국과 어울려
무슨 그림 한 장을 보는 듯도 하고
그 자리에 내놓은 누군가의 작은 배려를 보는 듯도 하여

무거운 카메라를 들고 여름 길을 걷던 이가
잠시 쉬어 갈 만했다.

참 다행입니다

내가 여기 이 자리에서 하는 일은
내가 속한 이 모든 것의 갈 바를 돕는 일입니다.
나는 저기 깊은 어딘가로부터 연결되어 있음을 느껴요.

떠나가야 할 때도
돌아가야 할 때도
견뎌 넘어서야 할 때도
아니면 지금처럼 그저 한가로운
오후 2시 30분의 기다림 속에도
그와 나는 서로 소통합니다.

처음에는 참 신기했어요.
내가 돌아가는 방향으로
육중한 이 뜰 것의 선두가 흘러가는 것이 말입니다.
그래서 내게 무슨 신기한 힘이라도 있는 줄로 착각했던
시간이 잠시 있기도 했습니다.

하지만 곧 알게 되었습니다.
이 모든 것이 내가 하는 일이 아니라는 것을.
나는 그저 나를 쥐고 있는 분한테서 오는
방향에 관한 신호를 저기 아래 어딘가로 전할 뿐이고
그 소통으로부터 길들이 결정된다는 것을 말이지요.
이것을 알게 되어 다행이에요.
너무 늦지 않게 알게 되어서 참 다행입니다.

수도 없이 반복되는 작지만 중요한 결정들,
그것들이 잘 이어져 흐를 수 있도록
내가 이렇게 도울 수 있게 되어 좋습니다.

참 좋습니다.

치유는 오직

위로는
남이 줄 수 있는 것이고,

치유는
오직 내가
내게 줄 수 있는 것이다.

읽기와 잊기

요새 들어 조금 이해가 되는 듯한 말이 하나 있다.
오래전에 읽었던 좋아하는 작가이자
대학선배의 글 속에 나오는 이야기인데
"책을 읽는 동안은 그 속에 빠져 읽되, 읽고 난 후에는 다 잊어버려라"는
말이다.

지금보다 훨씬 더 어린 시절에 읽은 글인 만큼
이해가 잘 안 되었을 만도 하다.
요점정리와 깔끔한 노트, 정확한 색인 같은 것들이
성적의 척도라 믿어 의심치 않는 학교 교육 속에서 자랐고
나름 못지않게 꼼꼼한 성격까지 가지고 있었으니
책을 읽어 내려갈 때면 늘 한 손에 펜이 필수였다.

펜을 들지 않고 글을 읽는 일은 늘 허전하고 불안했다.
책에 줄을 긋는데도 나름의 노하우가 있어서
중요하다고 생각하는 정도에 따라
별 하나에서부터 세 개까지 차등을 두어 매겨갔다.
지금도 내가 읽었던 책에는 나의 주관적인 감흥들이
각기 다른 수의 별들로 남아있다.

여기서 더 나아가, 별을 매기는 것으로 성에 안 차는 글귀들은
노트나 컴퓨터에 적어 놓고 다시 살피고는 했었는데,
한 가지 기막힌 일은 그 파일들이
지금은 다 어디에 있는지도 모른다는 것이다.

정리의 미덕에 무슨 흠집을 내보자는 것도 아니고,
잊어버린다는 것에 대해 무슨 낭만적인
이야기를 늘어놓으려는 것도 아니다.

다만, 너무 기억하려고 또 정리하려고 애쓰는 것,

혹은 후에 무슨 땔감으로라도 쓰이지 않을까 싶은
일종의 실용적인 의미의 독서가 이제 내게,
잘 맞지 않는 것 같다는 이야기를 하는 것이다.

내게 유익한 무언가를 얻을 수 있지 않을까 싶은
조금은 이기적인 생각을 가지고
책, 그 안 길로 들어서다 보면 단순히 적혀져 있는 활자들의
가벼운 정렬, 그 이상을 들여다볼 힘이
줄어들게 되는 것은 아닐지.

반드시 기억해야만 한다는 긴장을 가지고
무슨 연구 하듯 여행을 하다 보면
그 여행이 주는 참 의미, 참 쉼 같은 것을 놓치게 되는 것처럼
그래서 마치 여행이 일이 되는 것처럼
인쇄된 글귀들 저 너머에 있을 수 있는
책의 본심 같은 것들을 혹시 쉬이 지나치지 않겠는가?

장바구니에 필요한 물건들을 담듯
소비자의 마음으로 책장을 넘긴다면
소비가 만들어 내는 허무함 같은 것이
읽기, 그 뒤에도 남게 되지 않을까?

가벼운 마음으로 책 속으로 걸어 들어가
그네들과 소통하다가 가붓한 걸음으로
돌아 나오는 읽음, 그리고 잊을 준비.

무엇을 먹었는지 일일이 기억하지 않아도
내가 여기 서서 아직은 건강에 큰 무리 없이 살아가는 것처럼

무슨 큰일을 이루려는 듯, 싸울 듯이 책을 만나지 말고,
그냥 그이들과 어깨동무하고 걷다 보면
언젠가 그 책에 있는 그를 닮은 내가 아닌
나만의 나를 발견하게 될지도 모를 일이다.

책이 아니어도 발버둥칠 만한 일들은
인생에 이미 너무 많으니까 말이다.

잊는다고 모두 잊히기만 하는 것은 아닐 테니,
작게나마 이런 소통들이 겹겹이 퇴적되고 나면
좀 더 밀도 있고 튼실한 무언가가 세워질 수도 있을 것이다.

나는 읽어내는 책보다
사들이는 책의 양이 압도적으로 많다.
그래서 늘 책장에 꽂힌 책들을 보면
밀린 숙제 같은 부담감이 들고는 한다.

하지만 그 책들이 각양의 즐거운 여행목록과 같다고 생각하면
마음속에 흥거운 기대 같은 것들이 생긴다.

책과 나의 여행 말이다.

그래!
싹 다 읽어주마.
그리고 다 잊어주마.

알람이

세상 얄미운 게 알람이고
세상 고마운 게 알람이다.

이 녀석은 내가 요즘 얼마나 고단하고
어젯밤 얼마만큼 잠을 설쳤는지 안중에도 없다.

아울러 나의 수면 리듬에 입각할 때
바로 지금 이 순간이 얼마나 중요한 하이라이트인지
이 녀석은 하나도 알지 못한다.
아무튼, 독하기 이를 데 없는 놈이다.

그런데 희한한 것은
이 무식하기 이를 데 없는 녀석 덕분에
내가 산다.

바람이 부는 날이면

바람이 부는 날이면
나는 차라리 춤을 추지요.
그러면 그 바람도 내 곁을
춤추며 지나가요.

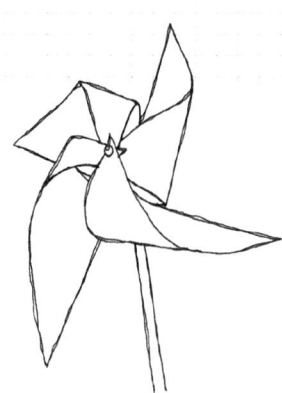

떠나는 사람

길은 두 가지,
떠나는 길 그리고 돌아오는 길.
그렇기 때문에 사람도 두 가지,
떠나는 사람 그리고 돌아오는 사람.

오늘 나는 떠나는 사람입니다.
일주일간의 외국 일정이 기다리고 있습니다.
지금 가방에 담은 짐들과 함께
그리고 나의 노래들과 함께
낯선 곳을 다녀올 것입니다.

반가운 일
아쉬운 일
뜻대로 되지 않는 일
고마운 일
이번에도 있겠지요.
그게 여행이니까요.
그게 삶이기도 하고요.

떠나는 날의 마음은 차분하고
돌아오는 날의 마음은 가득하면 좋겠습니다.
떠나서는 잘 돌아올 기쁨을 얻고
돌아와서는 잘 떠나갈 힘을 얻어야겠지요.

누군가는 떠나가고
또 누군가는 돌아오는 오늘,
나를 부르신 그분이
오늘 나를 그리로 떠나라 하신 거라 믿어봅니다.

고맙습니다.

이방인(異邦人)

"아빠, 이방인이 뭐야?"

딸아이가 갑자기 질문 하나를 던진다.

"어…. 다른 곳에서 온 사람을 말하는 거야.
그러니까 아빠가 외국에 나가면, 아빠는 그곳에서 이방인인 거지."

"아 그렇구나!"

아이는 이해가 된 눈치였다.
그런데 오히려 답을 했던 아빠의 생각이 멈춰 서지 않는다.
'그러게. 이방인이 뭘까….'

여기가 아닌 다른 곳에서 온 사람.
우리가 아닌 누군가.
이방인.

그런데 이 대목에서 소위 '여기', '우리'라는 단어가
묘한 성향이 있는 단어 같다.
무슨 말인고 하니,
'어디까지가 여기인가, 누구까지가 우리인가'와 같은 질문 앞에 설 때
이 단어들은 아주 변화무쌍한 모습을 지닌다는 말이다.

예를 들어 운동 경기로 말하자면
시즌이 진행 중일 때는
각자의 지역이나 선호하는 팀 안에서 우리와 여기가 결정된다.
하지만 올림픽과 같은 국제적인 경기로 넘어갈 때
여기, 우리 팀의 의미는 훨씬 넓은 의미로 확장될 것이다.

그렇다면 '이방인'이라는 단어는

우선적으로 그가 저기 다른 어디로부터 왔기 때문이 아니라
우리가 그를 여기, 혹은 우리 안에 포함 시키지 않았기 때문에
생겨나는 단어가 아닐지.
즉, 그가 아닌 나, 그들이 아닌 우리의 어딘가로부터
비롯된 말이 아닌가 하는 것이다.

여기, 우리라는 동심원을 어느 정도의 지름으로 그리냐에 따라
이방인은 우리 집 현관 밖에서부터 시작될 수도 있고
훨씬 넓은 곳, 심지어는 내가 아직 가보지도 못한 곳까지도
확장될 수 있을 것이다.

그래, 맞다.
이방인은 그가 저기서 왔기 때문이 아니라
내가 그에게까지 넓혀지지 않았을 때 생겨나는 단어인 거다.

"너희는 나그네를 사랑하라
전에 너희도 애굽 땅에서 나그네 되었음이니라"
(신 10:19)

날

내게는 떠나는 날.
하지만 누군가에는 돌아오는 날.

어떤 이에게는 첫 번째 날.
또 다른 누군가에는 마지막 날.

그이에게는 그냥 무색무취의 날.
하지만 그녀에게는 기다리고 기다리던 바로 그날.

내게는 한 시간 같았던 날.
하지만 누군가에게는 마치 일 년처럼 길었던 날.

어떤 이에게는 잊혀질 날.
또 다른 누군가에는 영원히 기억될 날.

그이가 작은 성취를 만난 날.
하지만 그녀에게는 그냥 실망만 안겨준 날.

얻은 날, 잃은 날, 만난 날, 헤어진 날.
웃은 날, 운 날, 새긴 날, 지운 날.
푸른 날, 흐린 날, 따스한 날, 시린 날.
보낸 날, 받은 날, 연 날, 닫은 날.

같은 질량, 같은 공간.
같은 길이, 같은 시간.
하지만 이렇게도 다른 날들.

어떤 날일지 알 수 없으나 나의 날을 축복하며…

표정

하루에도 수없이 많은 표정으로 살아간다.

이유 있는 표정, 이유 없는 표정.
나를 향한 표정, 너를 향한 표정.

우리 안의 생각들이 온갖 것으로 복잡하다는 것이야
늘 만나는 일이니 당연하게 느껴지지만,
이렇게 많은 생각들이 얼굴로 나타난다 생각하니
사는 일이 참 재미있다는 생각도 든다.

딸아이가 학교에서 가져온
작은 종이 위에 각양의 표정들이 흥미롭다.

지금 당신의 표정은?

오늘기분 어때요?

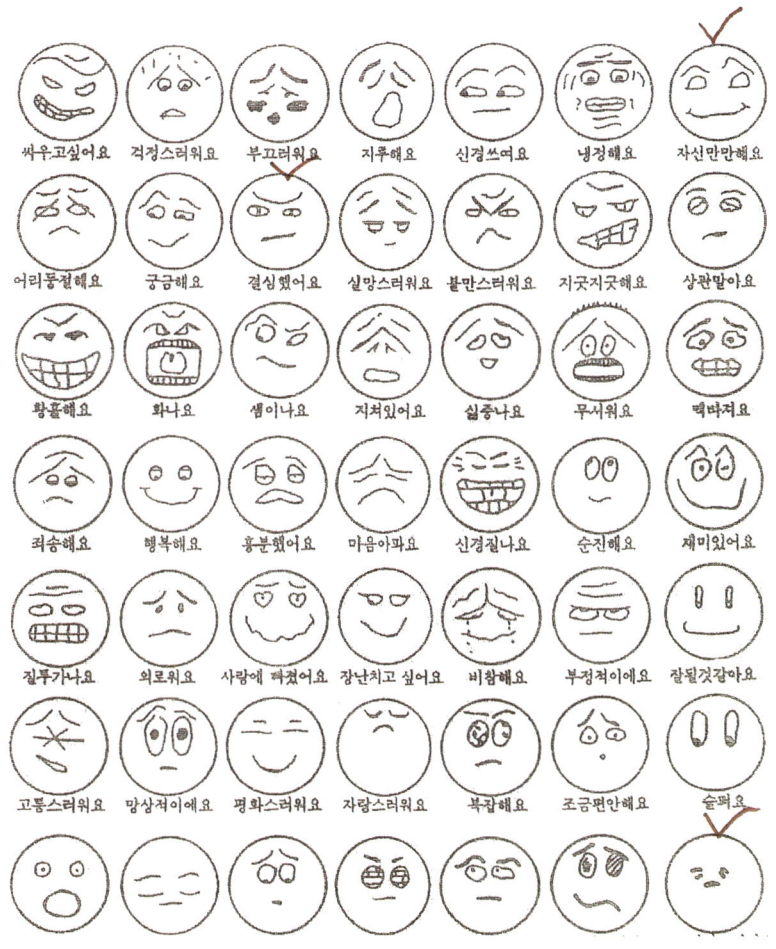

싸우고싶어요	걱정스러워요	부끄러워요	지루해요	신경쓰여요	냉정해요	자신만만해요
어리둥절해요	궁금해요	결심했어요	실망스러워요	불만스러워요	지긋지긋해요	상관말아요
황홀해요	화나요	샘이나요	지쳐있어요	싫증나요	무서워요	딱막쳐요
죄송해요	행복해요	흥분했어요	마음아파요	신경질나요	순진해요	재미있어요
질투가나요	외로워요	사랑에 빠졌어요	장난치고 싶어요	비참해요	부정적이에요	잘될것같아요
고통스러워요	망상적이에요	평화스러워요	자랑스러워요	복잡해요	조금편안해요	슬퍼요

하루 안녕

딸아이 아침 등굣길도 안녕.
걸려왔던 전화들도 안녕.
그이들과 함께 했던 점심자리도 안녕.

비 내리던 거리도 안녕.
집으로 돌아오던 길도 안녕.
아내와 나눈 이야기도 안녕.

오늘 쓴 작은 글 한 편도 안녕.
내내 마음에 걸렸던 걱정거리도 안녕.
오늘에야 끝낸 밀린 숙제도 안녕.

수고했다.
그래, 수고했어.
나의 하루
그렇게 안녕.

(제주 협재)

TOMORROW

삶은 늘 들이닥치는데 지혜는 모자란다. 늘 그렇다.

걱정도 가지가지

TOMORROW 01

기아대책본부 직원 예배에 다녀왔다.
100명 남짓해 보이는 직원들 앞에서
이야기와 노래들을 나누다가
걱정도 크게 세 종류의 걱정이 있겠다는 생각이 들었다.

쓸데없는 걱정.
나쁜 걱정.
착한 걱정.

걱정하면 뭐니뭐니해도 빼놓을 수 없는 동시에
가장 주류를 이루는 걱정이 쓸데없는 걱정이겠지.
아무리 해도 좋아지지 않고, 그 질과 양을 늘려도
열매가 없는 그런 유의 걱정이 쓸모없는 걱정이겠다.

나쁜 걱정은
그 중심이 이기적인 걱정인데,
나를 세우고 너를, 혹은 우리를 일으키기 위해
그들을 희생시키는 그런 생각에서 흘러나오는 유의 걱정이다.

반면에 착한 걱정은
너를 생각하고 그들을 생각하는 걱정이다.
나를 위해 너를 생각하는 것이 아니라
우리를 위해 그들을 마음에 두는 염려가 아니라,
너를 위해 너를 생각하고
그들을 위해 그들을 생각하는….

다행스럽고 고마운 일이라 생각하며 노래했다.
세상에 누군가는 굶고 있다는 이 명백한 사실을
지금 이 순간도 걱정하고 있는 사람들이 있다는 것이 말이다.

'오늘 저녁에는 어떤 맛 난 것을 먹어볼까'와 같은 생각을
틈만 나면 하고 있는 나 같은 사람들 사이사이에,
'그들이 과연 오늘 저녁을 먹게 될 수 있을까' 염려하는
착한 걱정을 가진 사람들이 있다는 것.
이 얼마나 고맙고 다행스러운 일인가.

누군가 나를 향해 그렇게 착한 걱정을 해주었기에
내가 오늘 여기쯤 와 있는 것이다.

수시로 서는 쓸데없는 걱정, 나쁜 걱정들을 녹여
착한 걱정으로 만들어 봐야 하지 않겠나.

공평

어떤 사람에게는 무료함이 싸움의 대상이지만
또 다른 누군가에게는 그저 한 조각의 휴식이다.
누군가는 어떤 메뉴를 먹어야 할지 고민하고
또 누군가는 끼니를 걱정한다.

어떤 이에게 오늘은 시작이고
또 다른 이에게 오늘은 마지막이다.
누군가에게 오늘은 기회이고
또 누군가에게 오늘은 함정이다.

어떤 사람은 신발장을 들여다보며
오늘은 어떤 스타일을 선택할지 고민하지만
또 다른 누군가에게는 그저 시린 맨발뿐이다.
간밤에 어떤 이는 깊은 잠을 잤을 테고
또 누군가에게 지난밤은 하얗게 새운 한숨뿐이었다.

어떤 아이들에게는 때 이른 듯한 각종의 교재가 주어지지만
저기 또 다른 아이들 손에는 총과 칼이 들려진다.
어떤 아이들에게는 예방주사 일정이 적힌 육아 수첩이 존재하지만
또 다른 아이들에게는 해열제 한 스푼도 준비되어 있지 않다.

건강을 위해 물속 미네랄의 함유량을 찾는 사람도 있고
빨래와 배설, 식수 이 모든 일들이 같은 물에서
그것도 동시에 이루어지는 사람들도 있다.

세상은 절대 공평하지 않다.
오히려 크게 불공평하다

그러나 한 가지, 이 모든 이들에게
공평한 것이 있기는 하다

우리는….
우리는 모두 염려하며 살아간다.

"너희 중에 누가 염려함으로 그 키를 한 자라도 더할 수 있겠느냐"

(마 6:27)

기도도 그와 같아서

물속에 노를 담아 저으면
언뜻 움직이는 것이 물로 보이나
실은 배가 움직이는 것처럼.
기도도 그와 같아서.

큰 뜻, 그 속 어딘가에
내 마음을 담아 저으면,
얼핏 그 뜻이 움직이는 듯 보이나
실은 내가 저만치 건너가게 되는 것이다.
기도도 그와 같아서.

기적이라는 것

나는 기적이라는 말을 선호하지 않는다.
사고방식도 워낙 합리적인 것을 좋아하고
대학 때 배운 학문도 분석적인 경향의 신학이었다.
그렇다고 해서 기적, 이런 것은 원래 없는 거라 생각하는 축도 아니지만
기적, 그랬을 때 "오, 나의 친구" 하는 편 또한 아니다.

이런저런 신유집회나
기적들을 몰고 다닌다는 모임에 관해 들으면서
특히, 치아가 금으로 변하곤 한다는 유의 이야기를 듣고 있으면
속에서 부아가 치밀기도 한다.

이 세상에 정말이지 작은 한 조각의 기적을
필요로 하는 곳이 얼마나 많은데….

어린 자식의 병상 맡에서
'제발, 제발' 하며 두 손 모으는 엄마들이 얼마나 많고,
애쓰고 애를 써도 이룰 수 없었던 꿈 때문에
그냥 하늘만 바라봐야 하는 사람들도 얼마나 많은데.

'정말 하나님은 지금 누구누구의 아말감을
고순도의 금으로 바꾸시는 일을 하고 계신 건가?' 하는 생각도 들고
기적을 행하시고는 늘 그것을 함부로 드러내지 말라 말씀하셨던
그 주님이 하시는 일이 정말 맞나 하는 의구심도 들기 때문이다.

그런데….
그런 나이지만
사는 일을 뒤돌아 보면 기적은 정말 어디에든 있다.
아이러니다.
물론 우리 아버지의 건강은 그 이후로 더 나아지진 않으셨고
어머니도 기적처럼 하루아침에 자리에서 일어서진 못하셨으며

노랫말처럼 슬픈 예감들이 '척' 하고 들어맞은 일 한두 번이 아니지만
돌아보면 내 인생 자체가 기적이다.

내가 노래하며 산다니 이게 기적이고
그것도 이십 년이 넘어가니 이 또한 화들짝 놀랄 일이며
사람들이 그것을 사서 들으니 이 또한 '놀랠 노'자인 동시에
그러면서 궁금하진 않았으니 이건 정말 황당한 일이다.

어리바리한 가운데도
커다란 사고 안 치고
아직 어디 한군데는 제정신인 것 같아서
잘 살아보려는 궁리도 해본다는 것 또한 기적이고.

마음에 담긴 생각들을 글로 쓰고
가끔 잘 안 팔리는 책도 내니 이것도 별일이며
어눌한 기타 매고 노래하고 이야기할 때면
사람들이 가끔 감동 받는 것도 같으니
'이거 원, 참나…'가 아니고, 그 무엇이겠느냐는 말이다.

난 이런 게 진짜 기적이라 생각한다.
우리 주변에 늘 일어나는 일,
잘 생각해보면 기특하고
더 생각해보면 신비해 보이기까지 하는 일들,
작고 작은 원 별일들,
이게 진짜 기적이라 믿는다.

나는 기적이란 말을 별로 좋아하지 않는다.
그러나 또 다른 기적들로 나는 지금도 나일 수 있었다는 점 또한
잊지 않고 살아보려 하는 중이다.

그 사이 어딘가

날고 싶다는 생각이
이제 날 수 있겠다는 생각까지 가 닿기 위해서는
그 사이 깨알 같은 수고들이 있었겠지요.

무엇을 하고 싶다는 생각이
그것을 해낼 수 있겠다는 생각으로 번지기 위해서는
그 사이의 넓디넓은 간극을 뛰어넘어야만 하는
어김없고도 거친 여행이 기다리고 있기 마련입니다.

그리고 그 여행은 쉬운 법이 없습니다.
그것이 의미 있는 일일수록 더욱 그러합니다.

일들이 좀 쉬이 풀렸으면 하는
아쉬움들이 들 때가 많아요.

그러면 한 번 더 생각해 봅니다.
'쉬이 풀린다면 그 의미는 덜 하겠지'라고요.

여행을 다녀온 사람의 이야기만 들어서는
그곳을 이해할 수 없듯이
'내가 살아보니 이러하더라'는 말만 가지고는
삶을 이해할 수 없을 겁니다.

직접 밟아보고, 길도 잃어보고,
피곤해 보고, 감탄해 보면서
점점 내 손끝과 마음 끝으로 알아가는 것.
모름지기 길을 간다는 것은 그런 것을 의미합니다.

하고 싶은 일들이 많고 반면 자신감들은
녹아 들어갈 때

다시 한번 생각해 보려고요.
쉬운 건 값이 없는 거야.
왜냐면 그것은 아무나 할 수 있는 거거든.

나는 오늘도 하고 싶은 일과
그 일들을 향한 자신감 사이의
어딘가를 걷고 있습니다.
쉽지 않을 것을 잘 알면서도 말이지요.

내 주여, 나를 도와주소서.

나침반으로부터

나는 천성적으로 생각이 많은 사람이다.
지금보다 더 어렸던 시절에는
이런 기질을 좀 고쳐 보면 좋겠다는 생각을 가끔 했지만
이제는 이것 또한 선물이니 그냥 안고 살아야겠다고 마음먹었다.

많은 생각은 많은 질문과 고민으로 이어져 있어서
내 나이가 지금 나이의 반 토막 정도 되던 시절
'나는 왜 이렇게 흔들거리는 걸까' 하는 고민이 참 많았다.
그래서 중년의 어르신들을 보면 느껴지는
안정감이나 간결함 같은 것에 막연한 선망들이 서기도 했었지.

이제 내가 한국 나이로 44세이니
아무리 아니라 우겨도 (우길 생각도 없지만) 중년이다.
자랑스러운 중년의 출발점 즈음에 와 있다고나 할까.
그런데 나는 아직도 흔들거린다.
생각과 고민 그리고 질문들의 품과 결이 달라졌을 뿐.
그래서 이 또한 '원래 이런 거구나' 하는 마음으로 산다.

작년 이맘때쯤 어딘가에서 작은 나침반을 보며
위로를 받았던 기억이 있다.

나침반의 붉은 바늘은 맹렬하게 북쪽을 향한다.
아무리 여러 번의 회전과 떨림을 경험한 후라도
결국은 북쪽이다. 기특하고 신기하다.

그런데 바늘은 북쪽을 향하면서도 계속 흔들거렸다.
그 모습을 바라보는데 납득과 위로 같은 것이 찾아들었다.
'아! 살아 있으니 흔들거리는 거구나.
흔들거리는 것은 살아 있다는 증거구나.'

만일 어느 나침반의 붉은 바늘이 북쪽을 가리키고 있는데
전혀 미동하지 않고 있다면 그가 가리키는 북쪽을 신뢰하고
여행을 해서는 안 될 것이다.
왜냐하면, 그는 살아 있지 않은 것이니까.

흔들거리는 것은 허물이 아니라
오히려 살아 있다는 증거에 가깝다.
되려 흔들거림이 에너지의 원천일 수도 있다.
풍력, 조력, 수력 등 여타 모든 에너지가
흔들거림으로부터 나오듯이 말이다.
마음이 훨씬 가붓해져 온다.

다만 북쪽을 가리키려는 열망과 열심이 핵심인 것 같다.
흔들거리지만 가진 힘을 다해
주어진 방향을 그리워하고 거푸 돌이키는 그것,
바로 거기서 좋은 향방이 나오는 것이다.

세상 작은 일들에도 배울 것이 참으로 많다.

굽은 길
저기 구름
솟은 산

겹겹의 능선
그 사이 촘촘한
오르막과 내리막

부는 바람
그 바람이 지나는
양지와 음지

낮의 이야기들과
밤의 이야기

너른 들판
새겨진 차선
그리고 이정표

보이는 것들과
보이지 않는 것들
빤히 손에 닿을 것들과
애써도 아득한 것들

가야 할 길
지나온 길
지금 여기

다시 새 해
그리고 의뢰

(2012 새해 아침)

"주님께서는 네가 나갈 때나 들어올 때나 이제부터 영원까지 지켜주실 것이다"
(시 121:8, 새번역)

날다

'날다'라는 말에는 크게 두 종류가 있을 텐데.
그 중 하나가 '비행'이고 또 다른 하나는 '활공'이다.

이 둘의 차이는 영어로 표현하면 좀 더 선명한데
비행한다는 'flying'이고, 활공은 'gliding'이다.
즉, 말 그대로 비행은 날개를 움직여 나는 것이고
활공은 날개의 움직임보다는 바람, 그 위를 타고 오르는 것이다.

사진은 뉴질랜드 남섬에서 만났던 앨버트로스(albatross)의 모습이다.
세상에서 제일 큰 새라는 명성처럼
날개를 펴면 그 너비가 어마어마하다.
앨버트로스의 날개는 너무 길어서 세 번에 걸쳐 접힌다.
보기에도 날갯짓 자체가 어려울 정도의 무게와 길이다.

앨버트로스가 날아오르는 모습은 참으로 인상적이었다.
파닥거리며 날아가는 작은 새들 사이에서
앨버트로스는 유유히 뭔가를 직시한다.

불어오는 바람,
그 속에서 자신이 올라탈 만한 흐름을 찾는 것이다.
그러다 마땅한 바람길을 만나면 기적처럼 둥하고 떠오른다.
그리고 어느새 저 멀리 사라진다.

그런데 이 앨버트로스가 세상에서 가장 멀리 나는 새 중 하나란다.
비행하기보다 활공을 선택한 탓일 것이다.
무거운 날개를 지닌 대신 바람을 읽는 지혜를 배운 탓일 것이다.

날듯 살며 수없이 지치는 나 자신을 경험한다.
활공을 배워야 하는 것 아닌가 싶다.
바람을 읽고 그 위에 올라타는 감각, 그리고 지혜.

제대로 날 수 없는 자신을 탓하며 세월을 버리기 전에
거저 다가와서는 다시 멀어지는 바람의 결을 읽어
그 바람과 함께 둥하고 떠오르는 감각과 지혜
그것이 간절해지는 저녁이다.

멀리, 오래 그리고 잘 날아야 하니까.

늘 삶은 닥쳐 들어오고
지혜는 모자란다.

늘 그렇다.

생각을 해보니

생각을 해보니 그렇다.
성공하는 삶보다
실패가 아주 넘어뜨리지 못하는 삶이
더 중요하다.
아니 더 실체적이라 해야 할 테지.

성공하는 삶이라는 말의 기준점은 매우 상대적이라
그 모호하기가 마치 사막의 오아시스와 같아서
저기 있다는 생각에 기를 쓰고 다다르면
되려 텅 비어 있는 경우가 허다하지만,
실패는 늘 일상에 널려 있고
이에 따른 넘어짐 또한 선명하니
그 사이를 딛고 일어서는 일도 실체적이다.
심지어 성공한 사람에게조차 실패는 계속된다.

결국,
어쩌면….
성공하는 삶이라는 것은
실패가 아주 넘어뜨리지 못한 삶의 퇴적물일 수도 있겠다.

그렇다면 성공적인 삶을 살기 위해 애쓰는 것보다
실패가 아주 넘어뜨리지 못하는 삶을 살기 위해 힘쓰는 것이
더 정확한 것인지도 모를 일이다.

생각을 해보니 그렇다.

나에게 보내는 묵상

낭패와 희망

온 사방이 낭패로 가득할 즈음에
뜻하지 않은 곳에서 볼록 튀어나오는 것이 희망인 거야.
반면 무슨 일이든 잘해낼 것 같은 생각이 관성처럼 흐를 때쯤
갑자기 한구석으로부터 덜컥하는 것이 또한 낭패인 거고.
낭패와 희망은 분명 서로 다른 것이지만
이렇듯 서로 엉켜 함께 간다.

그래서 아주 낭패이기만 한 일도 없는 거고
또 마냥 좋기만 한 일도 없는 것이
마치 밤과 낮이 모두 있어야 하루가 되는 이치와 비슷하다.

심지어 둘은 서로 돕기도 해서
희망은 낭패를 만난 이의 가슴속에
여름 냉수 같은 역할을 해주고
낭패는 희망이 가진 묘한 허상을 깨뜨려서
그 희망으로 하여금 조금 더 현장감 있는 희망이 되게 하거든.

그래서 마음이 중요한 거야.
마음은 이 둘을 서로 돕게 할 수도 있고
마지막 순간까지 서로 으르렁거리게도 할 수 있거든.

모든 일이 합력하면 결국에 선이 된다는 그 말씀은
그 모든 일, 다시 말해 낭패와 희망들이
한 자리에서 만나 서로 돕게 할 수 있다는 말인 것 같아.

희망은 낭패에게 다시 기회를 주고
낭패는 희망을 조율해주니
그 결과가 좋지 않고 배기겠어?

"우리가 알거니와 하나님을 사랑하는 자 곧 그의 뜻대로
부르심을 입은 자들에게는 모든 것이 합력하여 선을 이루느니라"

(롬 8:28)

작은 바람

누구나 마음속에 작은 바람 하나 있지.

큰길을 지나 작은 길로 접어들어서야
비로소 우리네 사는 집이 나오듯이,
크고 원대한 꿈의 길 사이사이
작은 바람들이 우리 삶을 비추는 거야.

저기 솟은 태양이 고마운 것처럼
여기 골목길 가로등도 고마운 거고,
저 산과 들이 쉼 없이 풍경을 낳는 동안
작게 흔들거리는 이름 모를 들꽃들도
한 송이만큼의 향기를 낳는 거니까.

무엇을 꿈꾸는가는,
어쩌면 어떤 작은 바람들을 가지고 사는가에서
태어나는 건지도 몰라.

착하게 살면

친구 집에서 밤늦게까지 놀던 딸아이를 데리고 집으로 오는 길.
아이는 뭔가 할 말이 있는 듯 뾰로통하다.
기다려 봐야지 생각하고 있는데, 낮은 비탈길 저만치 빨간 신호등이 보이는
곳에서 아이가 터놓기 시작한다.

"내가 계속 양보했거든. 그런데 걔는 한 번도 양보를 안 하는 거야.
오늘 내가 몇 번이나 양보를 해줬는데. 좋은 사탕은 결국 자기가 다 먹고,
나는 부서진 거 줘서 그냥 안 먹었어."

아이의 말투 속에 억울한 마음이 가득해 보였다.

"은서야, 잘했어. 양보하는 착한 사람이 결국에는 이기는 거야.
 아빠가 살아보니 그렇더라고. 알겠니?"

아이가 작게 대답했다.
"나는 7년이나 살았는데, 왜 그걸 몰라?"

"음…. 아빠는 40년 살았는걸? 아빠가 더 오래 살았잖아. 그 치?"

"…."

아빠는 더 진지하게 말했다.

"은서야, 좀 더 살다 보면 '진짜로 착하게 살아서는 안 되겠구나,
 착하게 살다가는 결국 망하겠구나' 하는 생각이 들 거야.
 그런데 그런 시기를 지나 더 살다 보면,
 '결국은 착하게 사는 사람이, 양보할 줄 아는 사람이 이기는 거구나'
 하는 것도 알게 된단다. 알았지?"

"응, 알았어."

아이가 대답했다.

아홉 시 넘어, 한산해진 길 위를 달려오며
아빠는 차 안에서 곱씹어 생각했다.
'그래, 은서야. 아빠도 조금씩 알아가고 있어. 잘 사는 게 뭔지 말이야.
참 어렵지만 결국 양보하는 사람, 착하게 사는 사람이 잘될 거라는 거.
이제 조금, 아주 조금은 알 것 같아.'
아빠는 속으로만 생각했다.

이런 건 말로 설명해 주는 게 아니라,
삶으로 보여주는 것일 테니 말이다.

초등학생 딸아이가 말한다.
"나도 얼른 어른이 되고 싶어."
(아빠도 그랬었는데.)

아빠가 답한다.
"딸아, 무슨 말인지 지금은 이해가 안 되겠지만, 지금이 정말 좋은 때야."
(내 부모님도 그렇게 말씀하셨었지.)

그럼 나는 지금의 내 딸아이와
똑같은 말을 했었는데.
"아빠가 그렇게 말할 줄 알았다니까."

인생이 가진 비극 중 하나는
이제는 알고 있는 것을
그때는 몰랐다는 것이다.

공부하라.
용서하라.
사랑하라.
울지 마라.
싸우지 마라.
포기하지 마라.

하지만….
인생이 가진 희극 중 하나도
이제는 알고 있는 것을
그때는 몰랐다는 것이 아니겠는가.

그러니,

공부하자.
용서하자.
사랑하자.
울지 말자.
싸우지 말자.
포기하지 말자.

언젠가는 알게 될 테니.

여기 아래로

"서로 마음을 같이하며 높은 데 마음을 두지 말고
도리어 낮은 데 처하며 스스로 지혜 있는 체 하지 말라"
(롬 12:16)

저기 저만치 위로부터의 조망이
그것을 보는 이의 시선을 넓고 웅대하게 한다면,
여기 아래로 내려와서 바라다보는 세상은
생을 향한 존경과 감사를 품게 한다.

무엇이 생을 지탱하는지,
누가 우직하게 그 자리에 남아
자기 할 일들을 침묵 속에 해 나가는지
보기를 원하거든 낮은 곳으로 내려가야 한다.

무대에 서는 사람은 그 무대에서 내려와
별다를 것 없는 자기의 일상 속에서
다시금 자신을 증명해 봐야 한다.

그렇게 하지 않을 때 결국 착각만이 남게 된다.
마치 거품이 늘 위로 떠오르는 것처럼.
아니 그것이 떠오르려고만 하니 거품인 거겠지.

참으로 높이 꿈꾸기 원한다면
여기 이 아래로 거듭 내려오는 일을 멈추지 말아야 한다.
무엇이 생을 지탱하는지
누가 우직하게 그 자리에 남아
자기 할 일들을 침묵 속에 해 나가는지
다시 보고, 또 보며 감사하고 존경해야 하니까.
정말이지 그래야만 하니까.

약속할게요

약속할게요.
자세 굽혀서, 그 아래에서 보는
세상은 어떠한지 마음에 늘 새길 수 있도록.
지나는 일상, 그 조밀한 매듭들을
한 땀 한 땀 호기심 가지고 살필 수 있는
그런 마음 버리지 않겠다고 말입니다.

약속할게요.
다리가 후들거리고, 마음이 무너져 내린
그 다음 날에는 그저 누우려고만 하지 않고
다시 일어서서 내가 거기까지인 것을 인정하고
그것을 알게 하신 분 찾고, 또 찾겠다고.

약속할게요.
읽고 쓰기를 멈추지 않겠다고 말이지요.
눈으로만이 아닌 마음으로, 그리고 세월로
또 읽고 또 써 보자 마음먹을게요.
그게 나의 부름이고 보냄이니까요.

약속할게요.
저만치 언덕 위에 이르러서는
여기 들판에서의 시간들을 후회하지 않고
내 뒤에 오는, 저 들판의 사람들을 위해
작고 밝은 깃발 하나, 아주 작은 것 하나라도
거기 어딘가에 꽂아 놓을 수 있도록.
그래서 나와 닮은 목마름이 찾아올 때면
그 맑은 나부낌에 기운 얻을 수 있도록.
그럴 수 있도록 노력하겠다고 말입니다.

힘닿는 대로.
내 힘이 닿는 대로.

그 언덕을 넘어서면
떠나온 내 아버지 집이 저만치 보이는,
그런 언덕이면 더욱 좋겠습니다.

약속할게요.
나 자신에게 그렇게 약속해 볼게요.

(덴버 Red Rock에서)

거짓말 그리고 참말

나는 이 말이 거짓말이라 믿습니다.
예수를 믿으면 부자가 되고,
예수를 믿으면 건강해지고,
예수를 믿으면 모든 일이 뜻하는 대로 잘될 거라는 말.

이런 말들은 물건의 단점들은 하나도 이야기하지 않고
오직 장점만 늘어놓는 정직하지 못한 유의 싸구려 장사치들이 하는 말과
하나도 다르지 않은 말입니다.

하지만 이 말은 참말이라 생각합니다.
예수를 믿으면 부자가 될 수도 있고,
가난할 수도 있고,
또 예수를 믿으면 건강할 수도 있고, 아닐 수도 있으며
예수를 믿으면 모든 일이 생각대로 될 수도 있고
그렇지 않을 수도 있지만….
그럴 수도 있지만.

예수를 믿으면 이 모든 상황들을
읽어내고 해석해낼 수 있는
힘이 생긴다는 것 말입니다.

글을 읽을 수 있다는 것과
그 읽은 글을 이해할 수 있다는 것,
더 나아가서 그 읽은 바를 실천할 수 있다는 것이
이어져 있는 동시에 또한 전혀 다른 종류의 힘인 것처럼

예수의 이야기 속에 거듭 자신을 비추어 볼 때,
읽고 이해하고 실천하는 힘이
생겨난다는 말이 참말이라 믿습니다.

부자가 되기 위해
건강해지기 위해
모든 일을 뜻대로 잘 해내기 위해
예수를 믿는다면 결국 실패하게 될 것입니다.

반면, 읽고, 이해하고, 실천하기 위해
예수를 믿는다면, 그럴 수만 있다면
들판에 꽃들과 하늘을 나는 새들을 보면서도
하늘의 마음을 풀어내시던
그 참뜻 비로소 바로 알게 될지도 모릅니다.

그렇게 살 수 있기를 고대합니다.

그이들 때문에

그이들 때문에 자리는 늘 비좁습니다.
더운 여름 지날 때면 특히, 우리 이렇게 바투 살고 있기에
더욱 후덥지근하기만 하고요.

그이들 때문에 마음속에 때로 실망 같은 것이 솟습니다.
내 마음 같은 것은 세상에 없어서
우리의 욕심과 자기중심은 늘 서로 맞부딪쳐 서걱거리니까요.

그이들 때문에 내 노래들은 줄곧
저기 웅성거림 어딘가로 묻혀버립니다.
내 속에 하고 싶은 이야기들이 가득해도
마음속에 이야기 한 자락 가지지 않은 사람은 없기에
그 많은 아우성들 사이에서 나의 소리는
그냥 하나의 점이 되어 사라지고는 하죠.

그이들 때문에 늘 이런 단어들이 생겨납니다.
불편, 인내, 양보, 나눔, 이해….
가슴 한구석을 지그시 누르는 편치 않은 단어들 말입니다.

하지만 우리는 이렇게 같은 하늘, 같은 시절 속에 살아갑니다.
저마다의 이름 뒤에 사연들은 보이지 않게 서로 이어져 흐르고
그 강물 같은 흐름 속에 순간순간 지혜들이 찾아오는 날이면 알게 되지요.
비로소 알게 됩니다.
한 사람이라도 간절하다는 것을 말입니다.

그렇게 다시금 알게 됩니다.
그들이 있어 내가 있다는 것을.
불편, 인내, 양보, 나눔, 이해….
선물 같은 단어들,
지혜의 붓으로 새겨진 이 소중한 단어들이
여전히 내 안에도 살아있음을.

천둥소리를 듣고 잠자리에 있던 아이들이
하나둘씩 마리아 선생님의 방으로 모여들었다.

한 아이가 선생님에게 물었다.
"선생님 천둥은 왜 치는 거에요?"

마리아 선생님이 답한다.
"음…. 그것은 번개가 하는 말에 답하는 거야."

아이들의 얼굴이 환해진다.

영화 "사운드 오브 뮤직"의 한 장면이다.
이 장면을 보면서 마리아 선생님의 지혜에
깊은 감명을 받았다.
참으로 멋진 답이다.
정말이지 지혜는 매력적인 덕목이다.

이처럼
지식은 사실과 책을 근거로 하지만
지혜는 사람과 그를 향한 애정을 근거로 한다.

지혜가 유난히 더 반짝거리는 이유다.

TOMORROW 20

'평화를 그저 낭만적인 단어로만 풀어내는
그 푸석한 접근에 일리가 있다'고 생각하지 않고
'강한 힘을 갖는 것이 평화로 가는 길이다'라는 유의 말 또한
될 성싶다 생각하지 않지만
우리가 서로를 바라보는 이 아픔 섞인 시선은
참으로 분하게 생각할 만한 일이리라 믿는다.

너로부터 나를 지키는 수많은 방법들이
우리의 역사 속에 누적되어 오는 동안
나를 넘어 너에게로 다가가려는 사람들의
피땀 어린 노력들도 멈추지 않았다.

몇 번까지 용서해 주어야 하는지에 대한 물음에
그분께서 주신 대답은 너무나 아득하고,
결국 누군가를 굴복시켜야 설 수 있다는
이 무너지지 않을 것 같은 이치들이
우리네 사는 멀건 거리마다 빼곡하다.

이 길을 우리 부모님이 걸었고
또 나와 내 친구들이 걷고 있으며
우리 아이들이 걸어갈 것이다.

이렇듯 날 선 철조망 얽어 놓고
그 위에 경고의 말까지 적어 놓은 듯 살다가,
어느 날 그 철조망 사이로도 바람이 불어 지나고
별빛도 지나다닌다는 것을 알게 될 그날이
과연 우리에게 오게 될는지.

무슨 일에서든 경계를 나누는 선이야 필요하겠지만
그것이 필요한 만큼 경계를 넘어서는 용기와 지혜도 필요하겠지.

살기 위해 담을 쌓은 이,
그도 결국 그 담 안의 어딘가에서 죽게 될 테니까.

담을 쌓든지,
길을 내든지.
선택은 늘 일상 속에 있다.

명심하자 웅재야.

나의 화단에

어떤 일에서건, 무슨 이유에서건
누군가와 나를 비교하기 시작하면
생의 감칠맛은 사라지고
일종의 지옥과 같은 것이 시작된다.

그러니까
내가 나로서만 서게 되면
그럴 수만 있다면….
씁쌀한 삶 속에 단맛 같은 것이 들어오고
작은 천국이 모종처럼 나의 화단에 자라나겠지.

이제 조금만 있으면

TOMORROW 22

내 모습이 지금은 이리 앙상해도
어디 두고 보라지요.

이제 조금만 있으면,
이제 조금만 있으면
푸르게 잎도 돋고,
하얗게 꽃도 필 테니까요.

지나는 겨울 그렇게
적적하고 매서웠어도
어디 버텨 보라지요.

이제 조금만 있으면,
이제 조금만 있으면
봄이 뿌리로부터 번져와
내 안에 가득할 테니까요.

이제 조금만 있으면
소생하는 생명이 기적처럼
다시 푸르게 타오를 테니 말입니다.

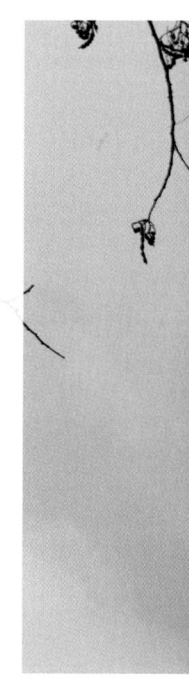

열매야

하늘과 그 안에 깊이 담긴 태양.
바람과 그 바람의 결을 따라 내리는
이른 비와 늦은 비.
많은 아침들과 또 그만큼의 저녁.

흙과 그 속을 기어 다니는
각양 다른 모습의 벌레들.
대기와 그 속에 실려
함께 흔들거리는 냉기와 온기.

아이들의 뛰어노는 소리.
그리고 그 부모들의 수고.
어제와 오늘, 그리고 내일.

온갖 좋은 일들과 유감스럽던 일들.
뿌리와 줄기, 그리고 잎사귀
추억과 기대, 그 안으로 농밀하던 도전과 응전.

선으로 흐르는 시간과
그 선들 위에 음표처럼 담겨있는
아픔과 위로.

그 진액 같은 시간을 모두 지나
너는 열매가 되었구나.

그 세월과 인내, 아픔과 기쁨,
빛과 어둠을 품어 모아서는
결국 이렇게 열매가 되었구나.

부럽구나.

바 람 색

여름 바람은 푸르고
가을바람은 붉어서
밤낮 그 바람 만나는 여린 잎들이
이렇게 물들어 있다.

며칠 전 자고 일어났더니
그나마 해쓱하던 여름이 간데없어
철은 참 정도 없지 했었는데….
집 앞 나뭇잎에 요만큼 걸려 있었구나.

철이 보이면 철이 든다던데.
바람의 색이 보이는 듯도 하니
어디 한 번….
그래, 어디 한 번
기대해 보련다.

그곳에서도 이치는 틀림이 없어서
맹렬하던 겨울을
부드러운 봄이 어김없이 녹여내고 있었어.

사각사각, 야금야금
봄으로 흘러내리는 작은 물줄기들이
다문 겨울을 풀어 녹이고
그 사이사이 생명들이 돋아 오르고 있었으니까.

그래, 마냥 겨울일 수만 있는 것도 아니고,
또 마냥 봄일 수만 있는 것도 아니지.
얼고 풀리고
내리고 오르고 하는 동안
산과 들이 좀 더 조화로워지는 것처럼.
일상도 그런 걸 거야.

두텁게 얼어 굳은 겨울을 녹이는 건
다름 아닌 부드럽게 불어오는 봄바람이 듯이,
내 가진 온갖 수를 다 써 보지만
결국, 겨울의 대안은 오직 봄뿐인 거야.

그래, 겨울의 대안은 오직 봄뿐인 거야.

(캐나다 로키에서)

뭔가를 배워 나간다는 것은
분명 흥미롭고 신 나는 일인데
희한하게 공부는 재미와 멀다.

책 속에서 길을 찾고
그 안에 사는 사람들을 만나는 일은
확실히 즐거운 일인데,
책만 보면 가슴이 답답하고 환장하겠으니
이 또한 모를 일이다.

책을 아니, 교재를 들여다보던
딸아이가 긴 한숨을 내쉰다.

손에서 확 뺏고 나서
'나가서 뛰어놀아!'라고 말하고 싶은데
그게 잘 안 된다.
이렇듯 몸과 마음이 따로 논다.

아빠도 한숨 한 번 내쉰다.
기다랗게.

TOMORROW 27

흑백텔레비전이 어떤 것인지 묻는 딸아이에게
그 아이가 이해할 만한 설명을 해주기가 쉽지 않았다.

온갖 색들로 가득한 세상 속에 살고 있는 아이에게
검은색과 하얀색으로만 만들어진 세상을
이해할 수 있게 해준 것은
결국 흑백사진이었으니까 말이다.

색은 놀라워서
그 속에 열정을 담을 수도 있고
사랑을 담을 수도 있으며
비탄과 절망을 담을 수도 있다.

이것은 도화지와 옷감 그 위를 번져 넘어서
철학과 사상을 대변하기도 하니
색이 미치는 영향의 넓이와 높이는 크고도 놀랍다.
그래서 인류는 색을 얻기 위해 오늘도 부단의 노력을 멈추지 않는 것이다.

색은 그렇게 또 하나의 위대한 선물이자 가치다.

상점에 정렬되어 있는 운동화들을 보면서
저 색들을 인간의 손에 건네주실 때
하나님은 어떤 표정을 지으셨을까 하는 상상이 들어
입가에 잠시 웃음이 돋았다.

홍대 앞에서.

아빠, 아빠는…

아이에게 새로 나온 내 책을 보여주며
"은서야, 이거 아빠가 쓴 책이야." 하고
자랑삼아 이야기를 건넸다.

그러자 아이가 나를 향해 눈을 깜빡이면서 하는 말.
"아빠, 아빠는…. 직업이 뭐야?
어느 때는 기타 치고 노래하고, 또 어떤 때는 그림 그린다 그러고,
이번에는 책도 만들고, 그리고 어떤 때는 목사라고 하고.
아빠는 도대체 직업이 뭐야?"

갑작스러운 질문에 당황도 되고
그 질문이 참 우습고 공감이 가기도 했다.

쑥스러운 마음에 농담 삼아 대답했다
"하하. 아빠는 예술가라고나 할까?"
시원하게 이해가 간다는 표정은 아니다.

왜 아니겠는가.
아이가 자라면서 지금의 질문은 좀 더 깊고 진지해질 것이다.
'우리 아빠는 이런 일을 하는 사람'이라는 일종의 정체성 같은 것이
아이에게도 필요할 테니 말이다.
좀 어리석어 보이는 대답을 농담처럼 그렇게 했다.
그리고 늘 나의 특기인, 생각을 했다.

'그래, 나는 뭐 하는 사람일까?'
글쎄, 나는 한 가지 일만 하는 것 같은데
밖으로 보여질 때는 그것이 이리저리 산만해 보였을 수도 있겠다 싶다.

하지만 아이의 질문을 받고 나니 한 가지 욕심 같은 것이 속으로부터 솟는다.
내가 무엇을 하면서 살지는 모르는 일이다.

지난 세월을 생각해보면 오늘의 나는
오래전에 내가 그려 보일 수 있는 그런 내가 아니었으니 말이다.

사람이 어떤 일을 하게 될지. 또 어느 곳에 있게 될지
이런 일들은 장담할 만한 것들이 아니다.
내 경험으로는 그렇다.
그냥 한 걸음 한 걸음 성심껏 딛는 것뿐.

한 가지 떠오른 욕심은 이런 것이다.
내가 무엇을 하고, 또 어떤 곳에 있든지
세월이 나와 내 딸 사이를 흐르는 동안
이 아이가 나를 볼 때 우리 아빠는 무슨 일을 하는 사람이라 하기 이전에
왜 그 일을 하는 사람인지 선명히 알게 할 수 있다면 좋겠다는 욕심.
왜 그 일을 하는지.
왜 여기 즈음에 와 있는 것인지.

쉽지는 않을 것이다.
무슨 일을 하는 사람인지 보여주는 것보다
왜 그 일을 하는 사람인지 증명해 주는 일이 훨씬 어려운 일일 테니까.
하지만 아이와 그런 식의 소통이 잘 이루어질 수 있었으면 좋겠다.

살다 보면 이런저런 담들이 생기고
여기저기 마음 길들이 막히기 마련이지만
결국 그렇게 서로 통했으면 좋겠다.

그 '왜'가 내 삶 위에 잘 비쳐 오면
아이도 알 수 있게 되겠지.
우리 아빠가 지금 그 일을 하는 이유를
그것이 무엇이건 또 어디쯤이건 말이다.

노래하는 생을 꿈꾸어 본 일 없었고
내 운명이라 여겼던 몇의 단어들 속에
노래가 있던 것도 아니었다.

하지만 지금까지 내 삶은 노래로 흘렀다.
그 이유가 무엇인지,
또 어떻게 하면 기왕에 내 앞에 와 있는, 소위 이 노래라는 것들을
잘할 수 있을지, 여전히 잘 모르겠지만
내 노래를 붓이라 생각하고
또 내 생을 물감이라 생각하며
그냥 서툰 채로 오늘도 그리고 또 그려본다.

언젠가 이 모든 일들을 차곡차곡 갠 이불처럼
깊이 넣어 두어야 할 때가 올지는 몰라도
말하듯 노래하고 노래하듯 말하는 그곳까지
후회 없이 여행하고 싶다.

2010.12.16 새벽

착한 글

착한 글을 쓰려 애쓰지 말아야겠다고
마음먹은 적이 있었다.

그냥 솔직해 보이지 않았기 때문이고
글들이 자꾸 푸석해지는 것이
왠지 세련돼 보이지 않아서기 때문이었다.

그런데 오늘 저녁, 마음을 바꿔 먹었다.
가능한 한 착한 글을 써 보자고.

글이라도 착하게 써보자 하는 생각이 들어서였고
늘 비슷한 위치에서 미끄러지는 나를
이렇게라도 지켜 내보자 하는 마음이 들어서였다.

일단 내가 살고 봐야 하는 거니까.

차일피일 미루다 읽는 책

며칠 전 지인으로부터 이런 말씀을 들었습니다.
"미안해요. 쓰신 책…. 차일피일 미루다 이제서야 읽었어요.
단숨에 읽었네요."

그런데 그분 하신 말씀이 하나도 서운하다거나 하지 않았습니다.
오히려 마음이 좋았습니다.
우선은 이 말이 참 좋았어요.
"차일피일 미루다 읽었어요."

나의 책장에도 밀린 숙제 같은 책들이 많이 꽂혀 있습니다.
무슨 이유에서건 모두 내가 사들인 것들이지요.
그중에는 '아니 내가 저걸 왜…. 무슨 바람이 불어서…'
하는 생각이 드는 책들도 많습니다.

그런데 가끔 마음이 헛헛해져 온다거나
사는 일에 묘한 무서움 같은 것이 들어서 오싹할 때는
책장을 막 들여다보기도 합니다.
'읽어야 하는데….이럴 때 읽을거리가 혹시 없나….' 하는
조바심이 들어서 말입니다.

책을 읽는다고 무슨 시원한 해답들이
마구 쏟아져 나올 거라 기대해서라기보다
그저 '책에라도 살짝 기대볼까' 하는 마음,
혹은 '저자의 시선과 통찰이 떨리는 내 손을 살짝 잡아 주지는 않을까' 하는
마음이 들어서일 겁니다.

바로 그때, 손에 잡히는 책이
잘 고른 책이 아닐까 하는 생각이 잠깐 들었습니다.
책 제목을 아예 "차일피일 미루다 읽는 책"이라고 지어 볼까 하는 생각까지
들었으니까요.

뭐 내 글이라는 것들이
늘 궁색하지만, 누군가에게 그런 느낌이면 좋겠다는 생각이 들었어요.
차일피일, 있는 듯 없는 듯 미루다가
어느 날 텅 빈 눈길이 멈추어서는 그런 글.
그런 글이면 좋겠다는 생각이 들었다는 말입니다.

욕심 같지만
그랬습니다.

(뉴질랜드 Piha)

겨울만 보셨나 보군요

내가 외로울 거라고요?
글쎄요.

흰 눈 속 내 발은 봄을 아는 이 대지에.
바람 속 내 몸은 펼쳐 놓인 저 하늘에.
이렇게 닿아 있다는 것을 아직 보지 못하셨나 보군요.

겨울만 보셨나 보군요.

통하다

노래를 만들고 부르는 사람으로서의
고민 중 하나는 바로 '세대'입니다.

물론 모든 세대를 아우르는 노래라는 것이 결코 쉬운 일이 아닐 테고
노래가 그것을 만들고 부르는 이의 삶을 닮고 있다면,
더 깊고 현장감 있는 공감이란 것이 분명 세대라는 횡적인 요소와 연결되어
있는 것을 피할 수 없겠지요.

그래서 요즘은 중·고등부 모임에서 연락이 오면
"학생들에게 제 노래가 잘 들릴까요?" 하는 조심스러운 질문을 먼저 하고
그래도 원할 경우에 찾아갑니다.
자신이 없어서라기보다는 내 노래보다 좀 더 나은 대안들이 있지 않을까
해서입니다.

그러면서도 자신에게 거듭 묻습니다.
물론 모든 이들과 소통할 수는 없겠지만
소위 노래를 소통이라 생각하는 사람이
이런 제한적인 생각을 가지고
자기 일을 대하는 태도가 과연 옳은 것인가 하고 말입니다.

때문에 세대를 막론하고, 시대를 관통하는
소위 삶, 사랑, 고통이라는 주제 속에
내 아이와 함께 부를 노래를 찾으려고 나름 애를 쓰고 있는 중입니다.

나 자신의 삶이야 수시로 구태의연해지지만
돌아보고 반성하며, 생각하고 써내려 가다 보면
그 묘한 서로 간의 간극을 단 1mm라도 좁혀 볼 수 있지는 않을지요.

어제는 높은뜻정의교회에 내 노래들과 방문했습니다.
모임이 끝나고 나서, 내 딸아이 정도(초등학생) 되어 보이는 여자아이가

엄마를 통해서 네 번 접은 쪽지 하나를 수줍게 전해 왔습니다.
거기에는 그림이 그려져 있었고요.

돌아와서 펴보니
마음이 참 좋았습니다.
그 안에 담겨 있는 칭찬 때문이라기보다는
내 이야기가 그 아이의 마음에 들렸다는 것이
노래를 통해 우리가 서로 통했다는 것이
참 좋았어요.

딸아이가 그림을 보고
"아빠, 이거 뭐야?" 합니다
"어, 그거 너만 한 어떤 여자아이가 어제 아빠 노래하는 거 보고 그려준
그림이야."
그랬더니 딸아이도 환하게 웃습니다.

그래서 더 좋았습니다.

한웅제 목사님 ∨

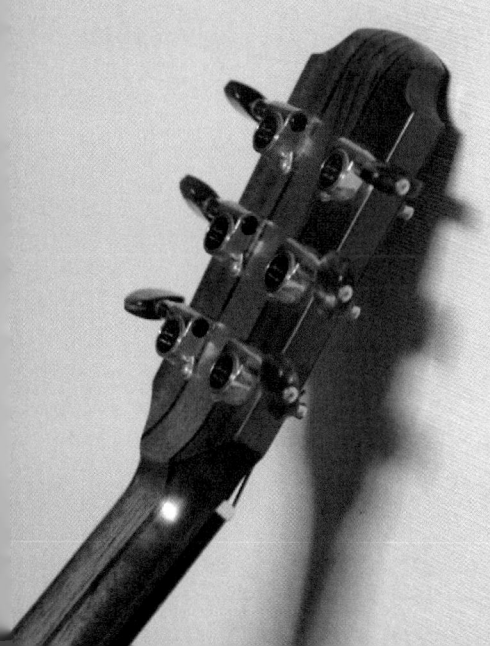

EPILOGUE

〈일상, 위로〉 그 뒷이야기

solitude (홀로)

왁자한 사람들의 틈을 조금만 걸어 나오면
믿기지 않을 만큼 가까운 거리에
고요가 침착히 내려앉아 있기 마련입니다.

외로울 거라 얘기하고, 두려울 거라 오해하지만
실은 고요 속에 홀로 있어 보지 않고
이루어 낼 수 있는 의미 있는 일이란 아무것도 없지요.

책 냄새 가득한 도서관의 묵음에도
자기 일에 혼을 쏟는 장인의 청려한 눈빛에서도
이제 남은 공 하나에 팀의 운명을 걸어야 하는 운동선수의 뛰는 가슴속에도
고요는 파랗게 날 선 검처럼 첨예해야 하는 거니까요.

수많은 사람들 사이에 있어도
외로울 수 있는 것이 사람이고,
또한 홀로 있어도
가슴은 가득할 수 있는 것이 사람이지요.

정말 어쩌면 두려운 것은 고요가 아니라
소란 일지도 모를 일입니다.

물론 함께 서는 일이 중요하지만
참으로 함께 서기 위해서는
또한 참으로 홀로 서 봐야 할 것입니다.

고요 속에 홀로 설 때 비로소 만나지는 것들은
셀 수 없이 많으니까요.

"무리를 보내신 후에 기도하러 따로 산에 올라가시니라
저물매 거기 혼자 계시더니"

(마 14:23)

Solitude | 홀로 |

넓은 길을 지나서
좁다란 길로 들어야
우리네 살아가는 마을이
나타나는 것처럼

복잡한 곳에서 나와
나 홀로 조용히 앉아
내 안에 계신 그분 만나며
또 나를 만나는 시간

혼자가 줄 수 있는 힘
고요가 전해주는
세상은 알 수 없는 평안
그런 평안
나의 말들과 묵상 속으로

고독과 두려움 사이
좁다란 길을 지나
십자가 거기 어디쯤에
거기쯤에 푸르게 불어오는
위로의 바람

그 바람

위로는   예수

적지만은 않은 세월 동안
소위 내 노래라는 것을 안고
많은 곳을 여행하고
또 많은 사람들을 만나며 살아왔습니다.

하지만 내 노래가 누군가에게
작은 위로로 다가설 수 있겠다는 생각을 한 지는
불과 얼마 되지 않습니다.

그래서 위로, 특히 일상 속의 위로에 대한
노래들을 만들어 봐야겠다 마음먹고는
정말이지 많은 가사들을 적었다 지웠습니다.

어떤 글들은 과해 보였고
어떤 글들은 윤기가 없었으며
또 어떤 글들은 뭐랄까요,
나 자신에게 조금은 덜 정직해 보였습니다.
그래서 고민이 섰습니다.
'왜 이런 거지?'

그러다 어느 날 한 가지 생각이 들었습니다.
'내 말에 위로가 있는 것이 아니구나.'
'내 글에 위로가 있는 것이 아니겠구나.'
'위로는 오직 예수에게서 오는 거구나.'
하는 생각이었습니다.

위로라는 단어를 떠올리며 적었던
그 많은 글귀들을 지운 자리에
'예수'라는 한 글자를 남기니
노트가 오히려 가득 차더군요.

그러자
노랫말 하나가
내게 성큼 다가왔습니다.

위로는 예수

나의 주님 당신만이
나의 세월에 참 의미됨을
이제 알 것 같아요
나의 일상들과
헛된 묵상 속에 오셔서
나를 다스리소서

십자가의 사랑만이
나의 다져진 길 같은 마음
부드럽게 하시니
거친 미움들과
허영은 내려 두고
주님 더 아는 마음 주소서

주를 믿고 생각함이
삶에 유일한 위로가 됨을
잊지 않게 하시고
내게 보여 주시는
그 좋은 길을 걸을
용기와 힘을 주소서

위로는 예수
십자가의 예수
위로는 오직
십자가의 예수
위로는

사랑은 여전히 사랑이어서

가끔 노래를 어떻게 만드느냐는 질문을 받습니다.
좋은 장소나 정해진 시간이 있는지
혹은 노래가 만들어지는 패턴 같은 것이 있는지를 묻는 질문입니다.

풍경이 아름다운 곳에 가면
곁에 있는 분들이 이런 말을 건네기도 합니다.
"노래 하나 나오시겠어요."

그러면 그냥 웃어 드립니다.
아름다운 경치를 보면서 노래를 만들어 본 적은 없습니다.
(그렇게 해보고 싶은 마음은 늘 있지만)
시간을 정해서 '시작!' 하고 노래를 만들어 본 적도 없습니다.

오히려 내 노래가 가장 빈번하게 자라는 곳은
내가 살아가는 일상입니다.
이렇다 할 특별한 것도 없는 일상.
그곳에서 노래들을 만났습니다.

'사랑은 여전히 사랑이어서'도 그렇게 만들게 된 노래입니다.

아침 일찍 일어나서
곤히 자는 딸아이를 보고는 마음이 좋았습니다.
'세상도 나도 참 많이 변한 것 같은데,
이 사랑이라는 것이 변하지 않는구나' 하는 생각이 들었습니다.

사랑 속에 변하는 성질이 있다는 것을 잘 알고 있습니다.
다만 무슨 이야기를 하려고 하느냐면
우리 아버지의 시절에도 사랑은 사랑이었겠죠.
그것은 할아버지의 시대에도 마찬가지였을 것입니다.
물론 사랑과 관련된 문화나 언어들은 달랐겠지만

사랑은 분명 사랑이었을 것입니다.
그것은 내 딸아이가 어른이 되었을 때도 마찬가지일 테고
세상에 나라는 사람의 이름을 기억하는 이가 하나도 없는
시절이 온다 해도 마찬가지일 것입니다.
세상이 거기 있다면 사랑도 거기 있을 테니까요.

그런 생각이 들어서
이른 아침 기타를 안고 중얼거리다가 나온 멜로디 위에
생각들을 입혀봤습니다.

하얗게 빈 종이 위에 글들을 적고 좀 더 좋은 단어, 좀 더 적절한 표현에
내 능력이 닿은 선에서 한 발자국이라도 더 다가서기 위해 애를 썼지요.

그리고 또 새로운 노래 하나가 태어난 것입니다.

사진은 그날 아침으로부터 며칠간을 고민한 흔적입니다.
바로 노래의 흔적들입니다.

사랑은 여전히 ...  piano

|위|위|위|위|

사랑은 여전히 (Gm)

늦겨울 지나면 새벽이 C

...

good

사랑은 여전히 사랑이어서

사랑은 여전히 사랑이어서
그대 깊은 마음을 쉬게 해
늦겨울 지나면 새봄이 오듯
저기 어딘가 여전히 반짝이지

그대 모습 이미 아름다워
마치 잊혀진 얘기 같아도
한 줌의 용기와 한 방울의 눈물
그 눈으로 보게 되면

사랑은 여전히 사랑이어서
우리 작은 삶들에 비치고
깊은 밤 지나면 새날이 오듯
여기 손에 닿을 듯 가까이
손짓하지

사랑은

처음으로

늘 생각해야 될 일은
너무너무 많고
지혜는 모자라
나이가 좀 더 쌓이면
좋아질 줄 알았는데
그게 영 아니야

답보다 질문이 늘어
이건 정말 당황스러운 일이 아닐 수 없지
나한테 답이 없는 건
이젠 정말 실감 난다
진짜 맞는 말이다

그럴 땐

하던 일을 잠시 내려놓고
예수를 생각해
내가 누군지 여기는 어딘지
감이 오지 않을 때는

가던 길을 잠시 멈춰 서서
그 앞에 머물러
그는 누군지 그 뜻이 무언지
다시 살펴보는 거야

처음으로 돌아가 보자
주님 생각하면
괜히 마음 좋던 시절로

복잡한 공식 지우고
비어 있는 칠판처럼
나를 비워 놓으며

무슨 일이 당장 내 앞에서
생기지 않아도
저기 어딘가 도착해 있을 땐
그 마음 알 수 있게

덜컥하고 숨이 차오르는
순간이 와도
당황치 말고 한 걸음 한 걸음
그저 디뎌보는 거지

처음으로 돌아가 보자
주님 생각하면
괜히 기분 좋던 그 시절로

복잡한 공식 지우고
비어 있는 칠판처럼
나를 비워 놓으며

모두 다 그렇게

가을이 청량한 건 여름을 겪었기 때문이고
봄이 싱그러운 것은 지난겨울을 견뎠기 때문입니다.

누구나 다 저마다의 사연들 속에 만들어지고
자신만의 이야기들 속에서 세워지지요.
그 사연과 이야기들은 세월과 함께 퇴적되는데
이때 그 안에서 묘한 화학적 반응이 일어납니다.
사연은 독이 되기도 하고 약이 되기도 하니까요.

그래서 어떤 사람에게는 그의 생각 자체가 독이 되고
또 다른 어떤 사람에게는 그의 사고(思考) 자체가 약이 되는 것입니다.

살면서 겪는 일이
수시로 냉랭하고 무미하다가도
순간순간 지혜가 찾아오는 날이 있습니다.
감사, 존경, 이해, 동정….
이런 놀라운 성분의 단어들이 만들어 내는 일종의 해독작용이
나를 순환케 하는 날이 있습니다.

사는 이유는 저마다 다르겠으나
그 각기 다른 생의 이유들이 다 함께 교차하는 지점이 있다면
그것은 바로 '행복'일 것입니다.
모두들 행복을 만나고 싶어 하니까 말입니다.

지도도 없고, 나침반도 없는 이 여행을
잘 건너갈 수 있게 해주는 힘이 지혜가 아닐까 생각합니다.
독이 약이 되게 하는 놀라운 저력의 근원.

그래서 말씀은 거푸 우리에게 지혜를 구하라 하는 것이겠지요.
어느 날 그런 생각을 하다 만든 노래입니다.

모두 다 그렇게

가을이 빛나는 건 여름을 봤기 때문이고
봄이 아름다운 건 겨울을 알기 때문이듯
모두 다 그렇게 모두 다 그렇게
긴 시간을 지난다 그 끝을 모를
자기만의 긴 시간을

때론 실망스럽고 외롭다고 느껴져도
우리 여기 있는 건 누군가의 수고라네
모두 다 이렇게 모두 다 이렇게
나누어 진 빚이 있어 그 크기를 모를
고마운 누군가가 있어

행복이란 건 내겐 없는 노래 같고
저기 멀리 들리는 아득한 꿈만 같아도
고맙다 하게 되면 감사하게 되면
어느새 내 가슴에 새로운 노래
행복의 노래 시작되지

모두 그렇게 우린 모두 다 그렇게
긴 시간을 지난다
새로운 노래 행복의 노래를 부르러

딸에게(은서에게)

이 아이가 태어나기 전에 한 가지 마음을 먹었다.
아이와 함께 사는 날까지, 그것이 언제까지든….
세 마디의 말을 계속해서 들려줘야겠다는 마음이었다.

그 세 마디의 말은 바로
"은서야 사랑한다."
"너는 좋은 딸이야."
"너는 하나님이 엄마, 아빠에게 주신 최고의 선물이다."였다.

내가 나이 들어가는 것처럼
한 살, 한 살 커가는 아이와 함께
12년이라는 세월을 걸어왔다.
당초에 먹었던 마음을 그런대로 잘 실천해 온 것도 사실이지만
그 말들이 하나도 틀림없었다는 것 역시 맑게 확인할 수 있는 시간이었다.

때때로 하찮은 대접을 받으며 사는 것이 삶이다.
그럴 때마다 아빠가 들려준 세 마디의 말이
그 어떤 말로도 대치되지 않게 하고 싶어서 시작한 일이었다.

무슨 효과가 있었는지 아직은 눈에 들어오지는 않지만
언젠가 이 세 마디의 말이 참으로 필요한 순간이 아이에게 오게 되는 그때
효험 좋은 약처럼 그 말들이 비로소 말하기 시작해 주기를 바라본다.

딸에게(은서에게)

수많은 아침들 중에
잊을 수 없는 그 아침
너를 내 품에 처음 안았던 그 맑은

모르는 일이 늘 많고
언제나 생각이 많던
서른 초반의 나는 그날로
다시 아빠로 태어났어

시간이 우리들 곁을
흘러 지나는 동안
또 다른 이름과 사연
건네주겠지

때로는 많이 두렵고
외로울 때도 있어
사랑만이 이 모든 걸 살게 해

수많은 사실들 중에
변하지 않을 것 하나
우린 너를 사랑해
너는 하늘이 주신 참 좋은 선물

그 이름과 사연에 담긴
의미는 다 몰라도
시간들을 정성으로 채워가야 해

때로는 실망스럽고
마음 상할 때도 있어
사랑만이 이 모든 것 낫게 해

수많은 사실들 중에
변하지 않을 것 하나
우린 너를 사랑해
너는 하늘이 주신 참 좋은 선물

수많은 아침들 중에
잊을 수 없는 그 아침

두 마음

"사람은 사람이어서 자기 살기 위해 남 죽일 궁리를 하지만,
또 사람은 사람이어서 자기 죽여 남 살릴 궁리도 한다."

존경하는 한 선배님의 말씀입니다.
늘, 그것도 끊임없이 자기 살기 위해
남 죽일 궁리를 하면서 살아가지만
어느 한순간 멈칫하는 때가 있지요.

나는 그렇게 살지 못하지만
남을 위해 자신을 던지며 살아가는 사람들을 보며
마음 한구석이 뭉클할 때나
저만치에 있는 누군가의 아픔이
내 안으로 쑥 하고 들어오는 것 같을 때,
딸아이에게 자선냄비에 넣을 지폐를 건네줄 때,
무거운 짐을 지고 가는 약한 사람을 도와줄 때,
바로 그때, 우리 안에 일종의 행복 같은 것이
불쑥 하고 지나가는 것을 느낍니다.

이렇듯 행복으로의 길은
결코 비밀스럽거나 멀리 있다거나 하지 않은 것 같습니다.

누군가 버린 휴지를 주워 보는 것.
내 주변에 지금 가장 외로운 사람이 누굴까 생각해 보는 것.
만나주고, 들어주고, 함께 해주는 것.
이렇듯 이미 답은 나와 있지만
이상할 정도로 잘 해내지 못하는 그것.
바로 그것을 실천해 보는 일일 것입니다.

"서기관중 한 사람이 그들이 변론하는 것을 듣고
예수께서 잘 대답하신 줄을 알고 나아와 묻되
모든 계명 중에 첫째가 무엇이니이까
예수께서 대답하시되 첫째는 이것이니
이스라엘아 들으라
주 곧 우리 하나님은 유일한 주시라
네 마음을 다하고 목숨을 다하고 뜻을 다하고 힘을 다하여
주 너의 하나님을 사랑하라 하신것이요
둘째는 이것이니
네 이웃을 네 자신과 같이 사랑하라 하신 것이라
이보다 더 큰 계명이 없느니라"

(막 12:28-31)

두 마음

모든 사람 마음엔 두 가지 빛이
서로 다른 얼굴들이 있지
마냥 어떤 것 같아도
부는 바람처럼 알 수 없는
우리들의 모습

누군가를 눌러 나를 높이 세우려다
한순간 멈칫하게 되는 그때
내 얘기만 늘어놓다
문득 그의 마음도
조금 이해간다 느낄 때

그대의 마음속 어딘가 있는
그 빛을 일상으로 꺼내
절망을 희망으로 바꿔줄
그 힘을 세상으로 꺼내
한순간 나를 건너 그에게로
나를 넓혀가는 그때
그것이 행복으로 가는 길
하늘이 말씀하신 데로

자신을 던져 세상을 돕는 사람들
그들을 보며 마음이 뭉클할 때
요즘 내가 사는 모습
이게 다가 아닐 텐데
불만 같은 것이 솟을 때

그대와 나의 마음속 어딘가
그 빛을 일상으로 꺼내
절망을 희망으로 바꾸어줄
그 힘을 세상으로 꺼내
한순간 나를 건너 그에게로
나를 넓혀가는 그대
그것이 행복으로 가는 길
하늘이 말씀하신 데로

나의 예배

마을버스 정류장
자연스런 내 목소리
자주 쓰는 단어들과
그냥 좋은 나의 친구

아내와의 대화
내 아이의 웃음들
어제 읽다 밑줄 그은
맘에 들었던 글귀들

바람길 평상 위로
마을 어르신들의 얘기소리
그런 우리 이야기
그것이 바로 나의 예배

익숙한 자유로
좀 더 좁은 골목길
그 가에 가로등과
길 건너 슈퍼마켓

이젠 낡은 기타
퇴근길에 건널목
늘 푸근한 미소 띤
부모님의 넓은 가슴

그런 우리 이야기
새로울 것 하나 없는 일상
그런 내 이야기
그것이 바로 나의 예배

돌아가는 길(탕자 이야기)

돌아가는 길은
집이 가까워져 올수록
떠날 때와 같은 길이었을 것이다.
다만 무엇을 등지고 걷고 있는가만 다를 뿐.

생에는 '오늘 점심으로 무엇을 먹을까' 같은 사소한 결정도 있지만
삶과 죽음을 나눌 만큼 중대한 것도 있기 마련이다.

그는 얼마 전 중대한 결정을 내렸고
그에 따라 지금의 돌아가는 이 여행은 시작되었다.
그리고 결국 그 선택은 그를 살릴 것이다.

집으로 돌아가자. 내 아버지의 집으로.
그의 이런 결정은 오래전 아버지의 집을 떠나야겠다고 마음먹었던
그 결정보다도 훨씬 중요한 결정이었겠지.
왜냐하면 앞의 결정이 뭔가를 더 누리기 위한 선택이었다면

후의 것은 살아남기 위한 결정이었을 테니.

돌아가는 길 내내
그는 무슨 생각을 했을까.

오래전에 '탕자의 이야기'를 읽다가
깊은 감명이 있어서 '저 언덕을 넘어서면'이라는 노래를 만들었다.
당시 그 노래는 〈예수원 가는 길〉이라는
음반에 수록되었고, 후에 나의 솔로 음반인 〈2nd Step〉에도 실렸다.

그 노래의 바로 전 이야기,
그러니까 아버지 집이 눈에 들어오기 시작하는
그 언덕에 도착하기 직전에 탕자의 마음.
다시 말해 '저 언덕을 넘어서면'이라는 노래의
바로 앞 이야기를 노래로 만들었다.

제목은 '돌아가는 길'.

돌아가는 길(탕자 이야기)

지금 돌아서 가는 이 길을 따라
나는 그렇게 먼 길을 떠났었고
아버지를 등진 채 걸었던 그날의 길을
이젠 세상을 등지고 걷네

나로 충분할 거라 믿었던 시절에 나는
미끄러져 가는 나를 구해낼 수 없었지
결국 남은 한 벌에 자존심마저도
그들은 내게서 모두 뺏어갔네

용서받을 수 있을까
아니 용서를 구하는 것이
옳은 일인지조차 모르겠지만
물이 저 낮은 바다를 향해
흘러 흘러가듯이
나는 이제 내가 떠나온 나의 집으로
돌아간다

좀 더 채우기 위해 떠났던 이 길을
이젠 그저 살기 위해 돌아가네
거칠게 뒹굴던 길가에 나의 모습은
그 길에 먼지처럼 가벼웠지

늘 버리려 했고 잊으려 애를 쓰던
고향에 불던 그 바람 여전할지
그리운 나의 아버지 또 나의 친구들
저녁 들판에 땀방울 나의 형

용서받을 수 있을까
아니 용서를 구하는 것이
옳은 일인지 이젠 모르겠지만
고향 편 하늘을 보면 절로 흐르던
그 눈물처럼
저절로 내가 떠나온 내 고향으로
흘러간다

내 아버지 계신 곳
남은 유일한 희망
내가 떠나온 그곳
저 언덕을 넘어서면
아버지 집

그 정오 우물가 (사마리아의 정오)

따가운 것은 정오의 햇빛만이 아니라
내 등 뒤에 와 닿는 그들의 시선이었습니다.

나의 생이 그렇게 서서히 조각나 부서지던
그 집요하고도 쓰리던 시간들을
나의 세월과 작은 어깨로 받아내는 내내
나는 결국 혼자 남겨졌지요.

때로는 누군가를 마구 탓해 보고도 싶었고
내 안의 가난한 마음을 나눠 보고 싶은 누군가가 간절했지만
들어줄 이도, 탓할 이도, 그 어떤 누구도 없었던
그 적적(寂寂)했던 낮과 밤들을 기억합니다.
나는 내 생으로부터, 그리고 그들로부터 그렇게
천천히 또한 빼곡하게 버려졌습니다.

그날, 그 정오 우물가.
그래도 살아봐야겠다는 모진 마음마저 파리해져 가던 나의 일상 속,
바로 그곳에서 나는 그분을 만났습니다.

그날 그분은 내게 다가왔고, 나는 뒷걸음질쳤어요.
그러자 그분은 다시 내게 다가오셨습니다.
그리고 나는 또 물러섰지요.
그때 그분이 갑자기 내 마음 어딘가를 뜯어 여셨습니다.
굳게 닫아 놓을 수밖에 없던
무거운 빗장 같은 나의 속을 뜯어 여신 거에요.

그날, 그 정오 우물가에서
내가 왜 그렇게 무너져 내렸는지
그 이유를 물어오신다면 나는 쉬이 답할 수 없습니다.

다만, 그의 말 속에 담긴 그 형용할 수 없는 자비와 동정,
그리고 압도적인 일종의 희망 같은 것이
내 속 어딘가를 마구 흔들었던 것 같다고밖에는
달리 표현할 길이 없군요.

아…만일 내 안에 시인이 있었다면
그때 그 일을 훨씬 잘 그려 보일 수 있었을 텐데 말입니다.

그의 눈빛을 통해 비쳐 오던 나는
사람이었고 사랑이었습니다.
후회, 절망, 수치, 어둠 이런 것들을 의식하지 않은 채
홀로 남겨질 무서움 같은 것이 없는 채로
누군가를 만난 날이 언제였는지 생각도 나지 않던 날.
바로 그날, 나는 그분을 만났습니다.
그리고 나를 만났지요.

반짝거리던 눈빛을 가졌던 나.
뽀얗고 부드럽던 두 손을 가졌던 나.
누구를 보면 가슴이 뛰었던 나.
즐거움에 밤잠을 설치기도 했던 나.
별을 보고 바람을 느끼며 계절을 읽던 그 시절의 나.
그 추억 같은 나를 만난 것입니다.

나는 그분을 부를 다른 방법을 찾을 수 없습니다.
그래서 나는 그분을 이렇게 부릅니다.
"나의 주님"

그 정오 우물가(사마리아의 정오)

그 눈빛이 나의 짙은 어둠 향할 때
정오의 햇빛 쏟아지던 내 슬픈 우물가
한 모금 한 모금 멈추질 않던 갈증과
그 몸살 같던 나의 지친 일상 속으로

너를 사랑하는 이 그 어디에 있느냐 하던
그의 말씀에 내가 무너지던 날
더는 없을 것 같던 희망이란 낯선 그 말이
내 멍든 가슴 흔들어 깨우던 날

그 정오 우물가

나를 믿는 이 목마름 다시 없으며
멈추지 않는 생명의 강 그 안에서 흐르리
내게 말씀하실 때 나는 처음으로 느꼈네
사람의 말과 그의 눈길이 따뜻할 수 있음을

한 조각 한 조각 깨어져 버린 내 가슴속에
또 다른 희망이 비춰 들어오던 날
주를 만나려는자 진심을 준비하라실 때
나는 죽었고 또다시 태어났네

그 정오 그 우물가

테리토스의 로고는 더 큰 지식의 세계로 들어가는 게이트를 상징합니다.
'영역'의 복수형인 territories를 줄인 말로, '확장성'을 내포하는 테리토스는
책을 통해 독자들의 삶과 정신세계가 더 깊고 넓어지기를 꿈꿉니다.

일상, 위로

초판 1쇄 인쇄 2013년 7월 15일
초판 1쇄 발행 2013년 7월 25일

지은이 한웅재
펴낸이 김명호
펴낸곳 테리토스

편집 이선희
디자인 국제제자훈련원 디자인실
사진 한웅재
마케팅 김겸성 송상헌 박형은 김미정 손은실 김종운

등록번호 제321-2011-000152호(2011년 8월 8일)
주소 (137-865)서울시 서초구 서초1동 1443-26
e-mail dmipress@sarang.org **홈페이지** www.discipleN.com
전화 (02)3489-4300 **팩스** (02)3489-4329

ISBN 978-89-967047-5-1 03230